Kinder und Jugendliche wollen nicht mehr warten, bis die Erwachsenen die anstehenden globalen Herausforderungen anpacken: Sie wollen ihre Zukunft selbst retten – Baum für Baum. Felix Finkbeiner und seine Freunde haben es sich mit Plant-for-the-Planet zum Ziel gesetzt, in jedem Land der Erde Bäume zu pflanzen, 1.000 Milliarden insgesamt. Dafür wollen sie andere davon überzeugen, dass wir die Erde retten können, wenn wir gemeinsam aktiv werden. Denn Reden allein stoppt das Schmelzen der Gletscher nicht: Stop talking. Start planting. – Nicht reden, pflanzen!

Motiviert von der Friedensnobelpreisträgerin Wangari Maathai starten die drei Geschwister Felix, Franziska und Flurina im Jahr 2007 die Schülerinitiative Plant-for-the-Planet und pflanzen mit Schülern in nur zwei Jahren eine Million Bäume. Zusammen mit den Kindern aus der ganzen Welt wollen sie eine Milliarde Bäume pflanzen. Felix (13) sprach im Februar 2011 vor den Vereinten Nationen in New York und präsentierte die Ideen und Pläne von Plant-for-the-Planet. www.plant-for-the-planet.org

*Weitere Informationen, auch zu E-Book-Ausgaben, finden Sie bei www.fischerverlage.de*

Felix Finkbeiner

# Jetzt retten wir Kinder die Welt

## Baum für Baum

Fischer Taschenbuch Verlag

Einleitung . . . 6

## 1. Warum wir Kinder handeln

**Felix erzählt: Wie alles angefangen hat** . . . 11
Ein Referat mit Folgen . . . 12
Wir werden immer mehr!. . . . 14
Prominente für Plant-for-the-Planet . . . 16
**Wangari Maathai: Mama Miti – die Mutter der Bäume** . . . 19
Warum Wangari aktiv wurde . . . 20
Green Belt Movement . . . 22
**Warum mache ich mit?** . . . 26

## 2. Was heißt eigentlich Klimawandel?

**Klima in der Krise** . . . 30
Clara interviewt den „Wetterfrosch" der ARD . . . 30
Der Klimawandel vor unserer Zeit . . . 33
Die Klima-Macher . . . 34
Der Kreislauf des Kohlendioxids . . . 35
Wo Kohle und Erdöl herkommen . . . 35
Rauchende Schlote . . . 36
Der Mensch als Klimamotor . . . 37
**Was ist Klimagerechtigkeit?** . . . 42
Emissionshandel: das Einfache, das schwer zu machen ist . . . 44
**Was Bäume gegen die Klimakrise tun** . . . 46

## 3. Was wir tun können

**Was jeder tun kann … Oder: Klimaschutz zu Hause** . . . 52
Was ist zum Beispiel verkehrt am Verkehr? . . . 52
Energieschlucker im Haus . . . 53
Den Stromanbieter wechseln? . . . 55
Wie viel $CO_2$ geht über meinen Teller? . . . 55
**Über das Selbermachen … Oder: Über Schule und über Schule fürs Leben** . . . 58
**Baum für Baum … Oder: Die große Pflanzparty** . . . 66
Wie ihr Mitstreiter findet . . . 68
Wo ihr pflanzen könnt . . . 68
Wie ihr die passenden Bäume findet . . . 69
Wie und wo ihr die Bäume bekommt . . . 70
Wie ihr auf eure Pflanzparty aufmerksam machen könnt . . . 71
Wie aus eurer Pflanzaktion eine echte Party wird . . . 72
Wie eure Bäume mitzählen . . . 73
**Bäume für den Süden … Oder: 10 Euro = 10 Bäume** . . . 74
Namibia (Afrika) . . . 75
Ecuador (Südamerika) . . . 76
Demokratische Republik Kongo (Afrika) . . . 76
Costa Rica (Mittelamerika) . . . 77
Malaysia (Asien) . . . 77
Gute Antworten auf doofe Argumente! . . . 78
„Run for Trees" . . . 80
**Unser Planet braucht Botschafter für Klimagerechtigkeit … Oder: Die Plant-for-the-Planet Akademien** . . 84
Modul 1: Einleitung Oder: Wir diskutieren über die Rede eines Botschafters für Klimagerechtigkeit . . . 86

Modul 2: Klimakrise
Oder: Wir diskutieren über
Klimagerechtigkeit . . . . . . . . . . . . . . . . . . . . 88

Modul 3: Rhetorik
Oder: Wir üben Reden und halten
selber einen kleinen Vortrag . . . . . . . . . . . . . . 89

Modul 4: Pflanzaktion
Oder: Wir pflanzen selber und
bereiten Pflanzaktionen vor. . . . . . . . . . . . . . . 91

Modul 5: World Café
Oder: Wir sammeln Ideen, wie wir
andere zum Mitmachen motivieren . . . . . . . . . 92

Modul 6: Arbeit in Schulgruppen
Oder: Wir werden aktiv! . . . . . . . . . . . . . . . . . 92

Modul 7: Unser erster Vortrag
Oder: Wir präsentieren den
Erwachsenen unsere Ziele . . . . . . . . . . . . . . . 93

**4. Unsere Vision**

**Wir sind Kinder einer Welt …
Oder: Unsere globale
Pflanzgemeinschaft** . . . . . . . . . . . . . . . . 98

**Wir Kinder sind Weltbürger
und Weltpolitiker …
Oder: Als Weltbürger denken und die
weltweiten Probleme anpacken** . . . . . 104

Wir sollten aus der jüngsten
Geschichte lernen! . . . . . . . . . . . . . . . . . . . . 106

Was macht uns Mut? . . . . . . . . . . . . . . . . . . 108

**Was würden wir Kinder tun?
Oder: Unser „3-Punkte-Plan
zur Rettung unserer Zukunft“** . . . . . . . 109

Die Regierungschefs . . . . . . . . . . . . . . . . . . 112

Die Vereinten Nationen . . . . . . . . . . . . . . . . . 114

Die Parlamente . . . . . . . . . . . . . . . . . . . . . . . 118

Die Wirtschaft . . . . . . . . . . . . . . . . . . . . . . . . 119

Unsere erste globale politische Partei . . . . . . 120

Unsere demokratische Struktur . . . . . . . . . . . 120

**Anhang**

Kontaktdaten/Bildnachweis . . . . . . . . . . . . . 128

# Einleitung

**Die Klimakrise bedroht unsere Erde, und wir Menschen sind schuld daran. Wenn wir so weitermachen wie bisher, wird das katastrophale Auswirkungen haben. Trotzdem wird immer noch viel zu wenig dagegen getan.**

Wir Kinder wollen das ändern – und zwar auch mit diesem Buch!

Wir haben „Baum für Baum" vor allem für Menschen wie uns geschrieben – für Kinder und Jugendliche. Denn wir sind diejenigen, die es ausbaden müssen, wenn die Erwachsenen die weltweiten Probleme nicht richtig anpacken.

Mit diesem Buch richten wir uns aber ganz bewusst auch an Erwachsene – an Eltern, Lehrer, Politiker, Unternehmer und andere „Entscheider" in unserer Gesellschaft. Denn wir wollen, dass sie uns helfen bei dem, was wir vorhaben.

Und wir haben viel vor: Wir wollen das Klima und damit unsere Zukunft retten, und zwar Baum für Baum! Ihr meint, das geht nicht? Dann habt ihr euch getäuscht!

Unsere Schülerinitiative **Plant-for-the-Planet** (das ist Englisch und heißt so viel wie „Pflanzen für den Planeten") hat 2007 ganz klein angefangen – inzwischen sind wir bereits eine weltweite Bewegung. Und im Gegensatz zu den meisten Erwachsenen, die immer nur reden, tun wir auch wirklich etwas!

Wie toll das sein kann, könnt ihr erleben, wenn ihr euch entschließt, selber mitzumachen.

**Mit diesem Buch wollen wir euch dazu Mut machen.**

Wir werden euch erzählen, wie bei uns alles anfing und wie daraus innerhalb kürzester Zeit eine richtig große (und spannende!) Bewegung entstanden ist. Ihr werdet erfahren, was „Klimawandel“ überhaupt bedeutet, wie viel wir Menschen dazu beitragen und was wir tun können, um unser Klima besser zu schützen. Ihr werdet sehen, warum es so wichtig ist, dass wir Kinder uns für mehr Klimaschutz und mehr Klimagerechtigkeit auf dieser Welt einsetzen. Und wir werden euch erzählen, warum wir dafür Bäume pflanzen.

Natürlich könnt ihr auch eine ganze Menge Spannendes lernen: Wisst ihr zum Beispiel, wie viel Luft ein einziger Baum reinigen kann und warum? Kennt ihr den Unterschied zwischen Wetter und Klima? Wisst ihr, wie Kohle und Erdöl entstanden sind? Was genau $CO_2$ ist und welche Auswirkungen es auf unsere Atmosphäre hat? Warum es so schlimm ist, wenn das Eis auf Grönland und Antarktika schmilzt? Dass es jedes Jahr einen sogenannten „Weltklimagipfel“ gibt? Und, und, und …

Wenn ihr dabei irgendetwas nicht versteht – zum Beispiel Wörter und Begriffe, die ihr noch nicht kennt –, fragt einfach eure Eltern, eure Lehrer oder andere Erwachsene. Sie sind schließlich da, um uns Kinder zu unterstützen. Wenn ihr Internet habt, könnt ihr natürlich auch da nachschauen.

Apropos helfen: Auch beim Schreiben dieses Buches haben uns Erwachsene geholfen, vor allem Melanie, Ulrike, Carsten, Veronika, Claus-Peter und die Leute vom oekom verlag. Vielen Dank dafür!

Vor allem aber wollen wir euch mit „Baum für Baum“ zeigen, wie ihr mit uns gemeinsam aktiv werden könnt. Und wie viel Spaß das machen kann!

***Felix & Freunde***

# 1. Warum wir Kinder handeln

Felix erzählt: Wie alles angefangen hat 11

Wangari Maathai: Mama Miti – die Mutter der Bäume 19

Warum mache ich mit? 26

„Die kleinen Dinge, die Menschen tun, zeigen Wirkung. Das wird auf Dauer den Unterschied machen. Meine kleinen Dinge bestehen darin, dass ich Bäume pflanze.“

Wangari Maathai,
Friedensnobelpreisträgerin
und Umweltaktivistin

PLANT
FOR
THE PLANET

# Felix erzählt:

## Wie alles angefangen hat

**Ohne meine Lehrerin würde es heute unsere Schülerinitiative vielleicht gar nicht geben. Sie fand nämlich im Januar 2007, es sei höchste Zeit, dass wir uns in der Schule mit der Klimakrise beschäftigen.**

Der Winter 2006/2007 war ja ungewöhnlich warm, und meine Lehrerin hat vermutet, das könnte etwas mit der Klimaerwärmung zu tun haben. Jedenfalls sollte jeder von uns im Internet recherchieren, was er zu dem Thema finden konnte. Ich habe versprochen, am darauffolgenden Montag ein Referat über die Klimakrise zu halten. Am Wochenende habe ich mir Al Gores Film „Eine unbequeme Wahrheit" angeschaut, und die Folien für mein Referat konnte ich gleich aus Al Gores Buch, das sich mein Opa gerade gekauft hatte, rauskopieren.

Als ich gelesen hatte, wie viel Kohlendioxid ($CO_2$) wir mit unseren Autos, unseren Fabriken und Kraftwerken in die Luft pusten, und was das $CO_2$ und die anderen Treibhausgase* in der Atmosphäre anrichten, ist mir richtig schlecht geworden. Da heizt sich die Atmosphäre auf, die Gletscher schmelzen, der Meeresspiegel steigt – unsere Zukunft wird zerstört, und die Menschen sitzen einfach nur rum und diskutieren! Warum tut da keiner was?

* Was genau Treibhausgase sind und warum sie für unser Klima heute immer gefährlicher werden, erfahrt ihr ab Seite 34.

Im Internet habe ich von Wangari Maathai aus Kenia gelesen. Sie hat in vielen Ländern Afrikas Bäume gepflanzt und auch gegen die egoistischen Interessen der Oberschicht gekämpft.* Da kam mir der Gedanke, dass wir Kinder doch auch Bäume pflanzen könnten. Kinder auf der ganzen Welt könnten dabei mitmachen wie in einer großen Weltfamilie.

* Über Wangari Maathai erfahrt ihr mehr ab Seite 19.

Wenn Wangari Maathai es schafft, in Afrika dafür zu sorgen, dass 30 Millionen Bäume in 30 Jahren gepflanzt werden, dann müssten wir Kinder es doch auch schaffen, in jedem Land der Erde wenigstens eine Million Bäume zu pflanzen, oder?

Wangari pflanzt einen von 30 Millionen Bäumen.

# Ein Referat mit Folgen

Das Ende des Eisbären war der Anfang.

Am Montag habe ich dann vor der Klasse mein Referat gehalten. „Das Ende des Eisbären“ habe ich es genannt. Ich habe den anderen den Treibhauseffekt erklärt, hab ihnen erzählt, was das $CO_2$ mit dem Temperaturanstieg zu tun hat und dass Bäume $CO_2$ binden und in Sauerstoff verwandeln. Bäume machen gefährliche Treibhausgase unschädlich. Es müsste aber natürlich mehr Bäume geben – und genau dafür können wir sorgen! „Lasst uns in jedem Land der Erde eine Million Bäume pflanzen!“, habe ich zum Schluss gesagt.

Seitdem pflanzen wir Bäume. Mit ihnen setzen wir aber vor allem ein Zeichen für Klimagerechtigkeit. Denn wenn ein Amerikaner vierzig Mal und ein Europäer zwanzig Mal so viel $CO_2$ im Jahr rauspustet, wie es ein Afrikaner tut, dann sollte er wenigstens dafür bezahlen. Wenn nämlich jeder Mensch die gleichen $CO_2$-Rechte hätte, könnte der Afrikaner, der nur eine halbe Tonne rauspustet, beispielsweise 1,5 Tonnen an diejenigen verkaufen, die (beispielsweise) unbedingt ein großes Auto fahren wollen. Die wiederum müssten dann aber für diesen „Luxus“ tief in die Tasche greifen. Die Afrikaner bekämen Geld dafür, dass sie die Umwelt nicht so stark belasten wie wir, und sie könnten davon Schulen und Krankenhäuser bauen. Und es ließe sich vielleicht auch verhindern, dass, wie heute, täglich 30.000 Menschen verhungern, darunter zahllose Kinder.

Frithjof Finkbeiner erzählt von seinem Sohn Felix:



## Über Felix Finkbeiner

Felix war schon immer ein sehr selbstständiges Kind. Mit sieben Jahren ist er schon jeden Tag vier Stunden lang von unserem Dorf Pähl allein nach Augsburg gefahren, mit Zug, Bus, Straßenbahn, weil er unbedingt dort auf die internationale Schule gehen wollte. Für uns Eltern am Anfang eine schreckliche Zeit. Wenn er sich erst mal etwas vorgenommen hat, ist er unglaublich zielstrebig und hartnäckig. Er ist das, was man in Bayern einen „Dickbrettbohrer“ nennt – auf Hochdeutsch heißt das wohl: ein Sturkopf, aber einer im positiven Sinne.

Als er dann mit neun Jahren die Idee mit dem Bäumepflanzen hatte, fanden wir das natürlich sehr nett, aber wir haben der Sache keine große Bedeutung beigemessen – bis wir dann im Frühjahr 2008 dieses Schlüsselerlebnis hatten: Die Global Marshall Plan Stiftung, von meiner Frau und

Ich war erstaunt, welch großes Interesse ich damit in meiner Klasse geweckt habe. Meine Klassenkameraden fanden, das sei eine tolle Idee, und meine Lehrerin fand das auch. Zwei Tage später hat sie mich das Referat vor den Klassensprechern wiederholen lassen, am Donnerstag konnte ich alles noch mal der Direktorin erzählen und schon bald bin ich dann mit dem Laptop in andere Schulen gefahren und habe dort über die Klimakrise und über meine Idee geredet. Damals war ich neun Jahre alt.

**Die Referate an den Schulen sind richtig gut angekommen. Wahrscheinlich gibt es eine Menge Kinder, die sich wegen der Klimakrise genauso viele Sorgen machen wie ich und die auch etwas dagegen tun wollen.**

Und vielleicht glauben sie genau wie ich nicht daran, dass die Erwachsenen aufhören zu reden und endlich etwas tun. Ich glaube, wenn wir Kinder nicht nach Lösungen suchen und Druck machen, wird noch sehr lange nichts passieren! Wir Kinder müssen zusammenarbeiten! Denn alle großen Probleme, vor denen wir Menschen zurzeit stehen, sind nur weltweit in den Griff zu bekommen. Die Klimakrise, die Ressourcenkrise, die Krise der Artenvielfalt, die Finanzkrise, die Krise zwischen Arm und Reich – all das ist wahrscheinlich nicht lösbar, wenn jeder nur so denkt und handelt, dass sein Land den größeren Vorteil hat. Klar, dass es keinen Weltvertrag geben kann, wenn jeder nur an sich denkt. Erst wenn wir uns als Weltfamilie verstehen, erst wenn wir verstehen, dass die Zukunft nicht teilbar ist, dann werden wir die Probleme anpacken.



mir gegründet, hatte im Edelhotel Adlon in Berlin das World Commons Forum veranstaltet. Eine tolle Veranstaltung mit Pressekonferenz, Experten aus der ganzen Welt und viel Prominenz, aber von der Presse ließ sich niemand blicken. Nicht einer! Einen Monat später haben Felix und seine Freunde ihre Pressekonferenz im Münchner Literaturhaus veranstaltet, und die Presseleute standen Schlange! 500 Mal ist in den Medien von der Aktion der Kinder berichtet worden! Da haben wir in unserer Stiftung erst verstanden, welche Kraft der Kampf dieser Kinder hat. Die kämpfen nicht um Wirtschaftswachstum, Einfluss und Produktionszahlen, die kämpfen um ihre Zukunft, um ihr Leben. Diese Glaubwürdigkeit ist es, die uns Erwachsenen so oft abgeht.

# Wir werden immer mehr!

Viele, viele haben sich der Aktion bald angeschlossen, die Abiturienten Gregor, Sascha und Christian, die über die Evangelische Akademie Tutzing zu uns kamen, haben für uns eine Website gemacht, über 100 Schüler haben geholfen, Briefe an andere Schulen zu schicken, meine beiden Schwestern Franziska und Flurina haben immer mitgeholfen und meine Eltern auch. Wir mussten nur noch einen Namen für unsere Bewegung finden.

www.plant-for-the-planet.org

Im Internet habe ich schließlich entdeckt, dass die UNEP im Jahr 2003 ein Kinderprojekt gestartet hat, das „Plant for the Planet" hieß (UNEP ist übrigens die Abkürzung für *United Nations Environment Programme*; das ist die Abteilung der UN*, die für den Umweltschutz zuständig ist). In diesem Kinderprojekt hatte sich schon seit Längerem nichts mehr getan – aber WIR wollten etwas tun, und zwar sofort! **Plant-for-the-Planet** – der Name passte genau für das, was wir vorhatten.

* Die UN (United Nations – also die „Vereinten Nationen") sind ein Zusammenschluss von ganz vielen Staaten der Welt. Ihre Hauptaufgaben sind: Sicherung des Weltfriedens, Einhaltung des Völkerrechts, Schutz der Menschenrechte und die Förderung der internationalen Zusammenarbeit.

Weil alle Menschen auf der Welt zusammenarbeiten müssen, ist ein englischer Name sinnvoll. Nur so können wir Menschen aller Nationalitäten erreichen. Wir Kinder wollen, dass unsere Stimme gehört wird!

Wangari Maathai hat übrigens zeitgleich mit unserem Start mit der UNEP auch die „Billion Tree Campaign" für Erwachsene ins Leben gerufen. Das Erwachsenen- und Kinderprogramm zusammen heißt heute „Plant for the Planet: The Billion Tree Campaign".

**Am 28. März 2007, zwei Monate nach meinem Referat, haben wir an unserer Schule schon den ersten Baum gepflanzt. Kurz darauf haben andere Schulen nachgezogen.**



Reporter von Zeitungen und vom Radio sind gekommen und wollten mehr über die Idee wissen. Im November 2007 habe ich meine erste große Rede gehalten – vor dem Rotary Club in Weilheim. Dort war auch der Geschäftsführer von Toyota-Deutschland. Er kam auf die Bühne und hat mich vor allen Leuten später nach Köln eingeladen, damit ich am 6. Dezember vor 1.200 Autohändlern einen Vortrag halte. Ich habe sofort zugesagt. Die Zuhörer in Köln saßen in einer großen Arena und ich wurde auf eine große Leinwand übertragen.

Ach ja, vor der Zugfahrt nach Köln war es noch ganz schön hektisch gewesen; ich hatte nämlich meine Redenotizen verlegt. Nach der Rede habe ich sie dann

in einer meiner Socken gefunden. Da hatte ich sie reingestopft, damit ich sie bestimmt nicht zu Hause vergesse … Seitdem rede ich immer ohne Manuskript.

Ein Jahr nach unserem ersten Baum, am 23. April 2008, konnte ich in einer Pressekonferenz erzählen, dass wir schon Baum Nr. 50.000 gepflanzt hatten. Überall ist damals in Zeitungen, im Fernsehen, im Radio und im Internet darüber berichtet worden, was wir Kinder für unsere Zukunft tun. Im Juni 2008 bin ich alleine nach Norwegen gefahren und habe auf der Kinderkonferenz der UNEP vor 700 Kindern aus 105 Ländern einen Vortrag über Klimagerechtigkeit gehalten. Danach haben mich die anderen Kinder in den Kindervorstand der UNEP gewählt. Der Vorstand besteht aus sieben Kindern, und jedes Vorstandsmitglied ist für einen Kontinent verantwortlich. „Mein" Kontinent ist Europa. Und meine Aufgabe ist es, möglichst vielen zu erzählen, dass wir unbedingt etwas tun müssen gegen die Klima-, Gerechtigkeits- und Verteilungskrise – nicht irgendwann, sondern jetzt!

Selbst in meinen kühnsten Träumen hätte ich nie gedacht, dass Plant-for-the-Planet so einschlagen würde! Aber ein ganz wichtiger Teil meiner Idee war ja, dass wir Kinder diese Aufgaben *gemeinsam* bewältigen würden – und dazu gehört, dass nicht nur ich, sondern noch möglichst viele andere Kinder herumreisen, Vorträge halten, Infoveranstaltungen leiten, Interviews geben und Baumpflanzpartys veranstalten. Plant-for-the-Planet ist eine Botschaft, die Botschafter braucht!

Gemeinsam erreichen wir wahnsinnig viel!

Heute bin ich längst nicht mehr der Einzige, der Vorträge hält und zu Baumpflanzpartys aufruft. Inzwischen gibt es über 3.500 Botschafter für Klimagerechtigkeit auf der ganzen Welt, Kinder aus über 100 Ländern arbeiten bei Plant-for-the-Planet mit. Und die Leute hören uns wirklich zu! Unsere Idee ist einfach ansteckend!

Alleine hätte ich keine Chance, die vielen Anfragen nach Vorträgen und Interviews zu erfüllen. Wir mussten einfach mehr Kinder werden.

Viele Kinder trauen sich so eine Aufgabe anfangs nicht zu, aber eigentlich ist es gar kein Problem! Sie müssen nur lernen, wie man einen Vortrag hält, und die Info für ihre Vorträge bekommen. Ende Oktober 2008 haben wir im Veranstaltungshaus Sonnenberg im Harz zur ersten „Akademie" eingeladen. Jede Schule aus Niedersachsen durfte zwei Kinder schicken. Franziska, Gregor und ich haben dort Vorträge gehalten und den Kindern von unseren Erfahrungen erzählt. Und auf einmal kam es ihnen gar nicht mehr so komisch vor, dass sich ein Kind vor andere Kinder, aber auch vor Erwachsene hinstellt und ihnen sagt, dass wir endlich unsere Probleme anpacken müssen.

Seitdem haben schon ganz viele dieser Akademien* stattgefunden, und zwar nicht nur in Deutschland, Österreich und in der Schweiz, sondern auch in anderen Ländern. Sogar schon in China!

* Mehr Informationen über diese Akademien und was ihr dabei alles lernen könnt, findet ihr ab Seite 84.

## Prominente für Plant-for-the-Planet

Damit sich unsere Bewegung Plant-for-the-Planet so schnell wie möglich auf der Welt verbreitet, braucht sie möglichst viele Botschafter. Deshalb haben wir von Anfang an überlegt, wer sich dafür – neben uns Kindern natürlich – besonders

gut eignet. Und wer wäre da besser, als Menschen, die sehr bekannt sind! Schon sehr bald haben wir viele Prominente* gewinnen können, die unsere Idee einfach toll und genauso wichtig finden wie wir. Darunter sind Musiker, Sportler, Wissenschaftler, Politiker und andere wichtige Menschen aus der Gesellschaft.

Das sind zum Beispiel *Wangari Maathai* (unser Vorbild!), *Peter Maffay* (Musiker), *Michael Stich* (Tennisspieler), *Klaus Töpfer* (Wissenschaftler, Politiker und ehemaliger Direktor des UN Umweltprogramms), *Fürst Albert II von Monaco, Gesine Schwan* (Politikerin), *Prinz el Hassan bin Talal von Jordanien, Hans Küng* (Autor und Theologe), *Gisele Bündchen* (Fotomodell und Schauspielerin aus Brasilien) und noch viele mehr.

Wir erzählen das nicht, um damit anzugeben, sondern weil wir uns freuen, dass uns diese Menschen wirklich unterstützen! Und wir sind sicher, dass es noch viel, viel mehr werden.

* „Prominent" heißt übrigens „hervorragend" – das gefällt uns natürlich, weil wir damit viele „hervorragende" Menschen haben, die sich mit uns engagieren!

Peter Maffay

Albert II von Monaco

Wollt Ihr auch mal einem Prominenten die Hand vor den Mund halten? Stop talking. Start planting. wurde ausgezeichnet als beste internationale Kampagne 2010 mit dem Golden Effie, so etwas wie dem Oscar für Werbung.

Rajendra Pachauri

David Suzuki

Wangari Maathai

## Wangari Maathai:

# Mama Miti – die Mutter der Bäume

**Der häufigste Grund fürs Bäumepflanzen ist normalerweise, dass man sie nutzen will: Man will später Holz zum Feuermachen oder zum Bauen gewinnen. Oder man möchte von Obstbäumen Äpfel, Pflaumen, Birnen, Kirschen ernten. Manchmal werden Bäume auch einfach deshalb gepflanzt, weil sie schön sind: Von schönen Bäumen in Parks und Gärten geht oft ein ganz besonderer Reiz aus.**

Alleebäume wurden früher gepflanzt, damit Wanderer und Kutschen im Schatten reisen konnten. Und es gab immer schon Menschen, die pflanzten, um ihre Umwelt zu verbessern. Die alten Stadtbaumeister zum Beispiel wussten, dass Wälder oder Grüngürtel die Atemluft in der Stadt verbessern, wenn der Wind durch sie hindurchstreicht, bevor er die Stadt erreicht. Die Wälder wurden deshalb von der Stadt aus gesehen gerne in der Hauptwindrichtung gepflanzt.

Felix kam auf die Idee, Plant-for-the-Planet zu gründen, als er von einer Afrikanerin las, die Bäume pflanzte, um ihr Land zu retten. Es ging dieser Afrikanerin nicht darum, Holz oder Früchte zu gewinnen, auch nicht um die Schönheit der Bäume, nein, sie wollte etwas erreichen, das ihr ganz persönlich nicht einmal etwas nutzte, das aber trotzdem einen Riesennutzen bringt.

**1940** Wangari Maathai wurde am 1. April 1940 in Kenia geboren. Ihre Mutter schickte sie nicht nur zum Holzsammeln, sondern konnte ihr auch viele spannende Dinge über die Bäume und Sträucher ihrer afrikanischen Heimat erzählen. „Nimm kein trockenes Holz unter dem Feigenbaum weg, er ist ein Baum Gottes! Wir verwenden ihn nicht und fällen ihn nicht.“ * Solche Hinweise haben wahrscheinlich unendlich viele afrikanische Kinder gehört … und wieder vergessen. Aber Wangari sog alles auf, was mit Leben und Natur zu tun hatte, wie ein Schössling das Wasser aufsaugt. Und dann gab es noch einen Satz, den die kleine Wangari oft von ihrer Mutter hörte und der ihr Lebensmotto wurde: „Sitz nicht untätig herum, pflanz lieber etwas!“ Fürs Pflanzen wurde sie später weltberühmt.

*Das ist ein Zitat aus dem Buch „Bäume retten die Welt!“, in dem ausführlich über Wangari Maathai berichtet wird. Das Buch schenken wir von Plant-for-the-Planet allen Botschaftern für Klimagerechtigkeit. Hier erfahrt ihr, wie die Kenianerin Wangari Maathai zur „Mutter der Bäume“ wurde, zu einem leuchtenden Vorbild für die Welt und ganz besonders für uns von Plant-for-the-Planet.

Kenianischer Feigenbaum

Aber der Reihe nach. Wangari hatte Glück, dass ihre Begabung und Intelligenz einigen Missionsschwestern auffielen. Sie setzten sich dafür ein, dass die junge Kenianerin vom Land eine bekannte Klosterschule besuchen konnte. Ihre Leistungen waren so gut, dass sie ein Stipendium bekam, um im Ausland studieren zu können. Also ging sie zuerst nach Amerika und dann nach Deutschland, um Biologie zu studieren. 1971 machte sie als erste Kenianerin an der Universität von Nairobi ihren Doktor. Noch im selben Jahr wurde sie die erste Professorin für Anatomie in Tiermedizin.

**1971**

## Warum Wangari aktiv wurde



Doch erst ein bestimmtes Erlebnis brachte sie dazu, sich ganz dem Schutz der Umwelt zuzuwenden. Dazu schreibt Petra Schäfer-Timpner*: „Als sie in der Umgebung von Nairobi einmal auf Zeckensuche für ihr Laboratorium war (die Schädlinge sammelte sie, weil sie erforschen wollte, wie man Rinder vor ihnen schützen kann), bemerkte sie voller Schrecken, dass die Flüsse voll Schlamm waren und sich über die Straßen ergossen. Die Kühe waren völlig abgemagert, weil sie nur noch wenig Gras fanden. Jetzt fiel es ihr wie Schuppen von den Augen, dass nicht die Zecken für die Rinderzucht die schlimmsten Folgen hatten, sondern die Umweltzerstörung … Dann entdeckte sie, dass ihr geliebter Feigenbaum für eine Teeplantage hatte sterben müssen … Und auch der Bach in der Nähe war versiegt, an dem sie als Kind gespielt hatte."

* Petra Schäfer-Timpner ist die Autorin des Buches „Bäume retten die Welt!"

Wangari Maathai erkannte deutlich, dass das Elend und die Verwüstung des Landes sehr viel damit zu tun hatten, dass die Bäume verschwunden waren. In Kenia hatte der Staat über viele Jahre hinweg die Wälder roden lassen, um stattdessen Kaffee- und Teepflanzungen anzulegen. Doch dem Land hatte die Vernichtung der Wälder überhaupt nicht gut getan.

Ganze Wälder wurden vernichtet!

Wangari Maathai scharte Frauen verschiedener Organisationen um sich. Und sie stellte fest, dass das Problem unter engagierten Frauen sehr wohl bekannt war.

Wangari war schon seit einigen Jahren Mitglied im Kenianischen Frauenrat. Dort erzählte sie nun den anderen Frauen von ihrer Idee, gegen Bodenverlust und Dürre „anzupflanzen". Wangari konnte sich sicher sein, dass ihre Zuhörerinnen nur zu gut aus eigener Erfahrung wussten, wozu Bäume imstande sind: Bäume halten den Boden fest. Selbst bei Wolkenbrüchen, wie sie in der Regenzeit in Ostafrika ganz normal sind, kann das Wurzelwerk von Bäumen verhindern, dass wertvolle Erde weggeschwemmt wird.

Bäume halten den Boden fest!

Andererseits wusste Wangari natürlich, wie mühsam das Leben für die Leute in den kleinen Dörfern war und dass sie es sich ganz einfach nicht leisten konnten, auf ihrer Suche nach Brennholz auf die Bäume Rücksicht zu nehmen. Sie würden sozusagen an dem Ast sägen, auf dem sie saßen.

Wangari Maathai verteilt Saatgut an die Dorfbewohner – und überzeugt Politiker.

Sollte man zu diesen Armen, die in etlichen Landstrichen ohnehin viel zu wenig zu essen hatten, auch noch sagen: Hände weg von den Bäumen? War das nicht so, als wenn man Hungernden noch die letzten Getreidekörner verbieten wollte?

Wangari war sehr schnell klar, dass es nur eine Chance auf Besserung gab: Man musste das Bäumepflanzen in die Hände der Dörfler legen. Die Bäume mussten *ihre* Bäume werden, nur dann wären sie vor ihren Äxten sicher. Bevor die Idee Wurzeln schlug, führte Wangari unzählige Diskussionen, meist mit Frauen auf dem Land, aber auch mit Partnern im Ausland.

**1975**

Wangari Maathai kam mit ihrer Idee einen großen Schritt voran, als sie an der ersten UN Frauenkonferenz in Mexiko City im Jahr 1975 teilnahm. Die Abgeordneten aus 133 Ländern aus aller Welt waren sich einig darüber, dass die drei Bereiche *Frauen, Entwicklung* und *Umwelt* nur als eine Einheit betrachtet werden dürfen. Auf keinem dieser Gebiete lassen sich Fortschritte machen, wenn man die beiden anderen aus dem Blick verliert.

**1977**

Im Jahr 1977 beauftragte der Frauenrat von Nairobi Wangari (die inzwischen eine landesweit und international bekannte Wissenschaftlerin war), ihre Baumpflanzidee in die Tat umzusetzen.
Das war der Anfang des „Green Belt Movement", der Grüngürtel-Bewegung.

## Green Belt Movement

Der Anfang war schwer. Polizeikräfte der korrupten Moi*-Regierung rissen die Schösslinge wieder aus – Bäumchen, die zuvor in aufopferungsvoller Handarbeit von Frauen gepflanzt worden waren, die eigentlich schon mit dem Kampf ums Überleben belastet waren.

* Daniel arap Moi war von 1978 bis 2002 Präsident von Kenia. Er wurde zwar gewählt, aber eigentlich war seine Herrschaft trotzdem eine Diktatur!



Doch die Pionierinnen der Grüngürtel-Bewegung ließen sich nicht entmutigen. Wangari bekam schließlich von der staatlichen Forstaufsicht die Zusage, dass sie eine Million Baumsetzlinge kostenlos bekommen würde. Als aber die Frauen Ernst machten mit ihren landesweiten Pflanzaktionen, wurde die Zusage auf kostenlose Lieferung der Pflänzchen auf einmal wieder zurückgezogen. „Nur noch gegen Bezahlung", sagte man Wangari und ihren Helferinnen.

Natürlich war kein Geld da, um junge Pflanzen zu Hunderttausenden zu kaufen; das wussten auch die Leute von der staatlichen Forstabteilung, die hofften, auf diese Weise die „lästigen" Frauen loszuwerden.

Die rettende Idee war ganz einfach: „Wir ziehen unsere eigenen Schösslinge!" Frauen auf dem Land bekamen von der Organisation Green Belt Movement für jeden selbstgezogenen Sämling 4 US-Cent. Das klingt nicht gerade üppig, aber für viele Frauen war es das erste selbst verdiente Geld ihres Lebens. Die Aktion rettete nicht nur die Böden durch Zigmillionen Baumwurzeln, sie brachte zugleich bescheidene Geldmengen in die Dörfer. Die Pflanzerinnen konnten für sich und ihre Familien zum ersten Mal Dinge des täglichen Lebens kaufen, die bis dahin unerschwinglich gewesen waren.

Beim Gießen eines Setzlings

Außerdem festigten die Arbeit in den Baumschulen und die Pflanzaktionen den Zusammenhalt unter den Frauen. Die etwas Erfahreneren zogen als Baumpflanzlehrerinnen übers Land; und immer wieder legte Wangari selbst Hand an. Sie war der sichtbare Beweis, dass Wissenschaft und selbst Anpacken sich nicht ausschließen müssen.

**1981**

Im Jahr 1981 fand in Kenias Hauptstadt Nairobi eine UN Konferenz zum Thema „Erneuerbare Energien" statt. Für Wangari bot sich die Gelegenheit, Gleichgesinnte aus aller Welt kennenzulernen. Mitarbeiter der norwegischen Forstgesellschaft boten ihr ein kleines Gehalt an, damit sie weiterhin die Zeit und die Möglichkeit hätte, sich noch intensiver um die Organisation der Grüngürtel-Bewegung zu kümmern. Und von den UN kam ein wenig Geld, um hauptamtliche Mitarbeiterinnen bezahlen zu können.

Anfangs war die Grüngürtel-Bewegung nur zaghaft gewachsen, doch jetzt wurde sie stark wie ein junger Baum in gutem Boden. Nichts ist stärker als eine Idee, deren Zeit gekommen ist. Wangari gelang es, Highschool-Absolventen und -Absolventinnen aus Nairobi als Inspektoren und Inspektorinnen zu gewinnen. Delegationen aus ganz Afrika gaben sich bei den Grüngürtlerinnen die Türklinken in die Hand, alle wollten sehen, ob sie für ihr Land nicht von den Grüngürtel-Frauen lernen könnten. Die Idee grünte und trug millionenfach Früchte.

**1989**

Petra Schäfer-Timpner schreibt: In London erhielt Wangari Maathai 1989 „zusammen mit Mutter Theresa den Preis *Woman of the World*. Prinzessin Diana war diejenige, die ihn ihr überreichte. Das wiederum führte zu noch mehr Bekanntheit des Green Belt Movement in der Welt. Wangari war vor allem glücklich darüber, dass die Welt erfuhr, dass in Afrika sehr positive Dinge passierten, die auf die Initiative afrikanischer Frauen zurückgingen."

**2004**

Es blieb nicht bei diesem einen Preis – bis heute sind es insgesamt 13 Preise und Ehrungen. Im Jahr 2004 erhielt Wangari Maathai den Friedensnobelpreis – als erste afrikanische Frau.

Erstmals wurde damit auch Umweltschutz – neben Wangaris Widerstand gegen die Moi-Diktatur – als friedensbewahrende Tat anerkannt. Der Chef des Nobelkomitees Ole Danbold Mjøs begründete: „Frieden auf Erden hängt von unserer Fähigkeit zur Bewahrung einer lebendigen Umwelt ab."

Ebenfalls 2004 erhielt Wangari Maathai den internationalen Petra-Kelly-Preis der Heinrich Böll Stiftung; dieser Preis wird jedes zweite Jahr an Menschen verliehen, die sich ganz besonders für die Umwelt, die Menschenrechte oder soziale Gerechtigkeit eingesetzt haben.

Mit dem Preis wurde zugleich ihr Mut gewürdigt, mit dem sie sich politisch engagiert hatte. Wangari Maathai hatte es nämlich gewagt, sich gegen den Diktator Daniel arap Moi als Präsidentschaftskandidatin aufstellen zu lassen – ein Versuch, der sie auf kürzestem Wege ins Gefängnis brachte. Dort wurde sie misshandelt.

Wangari Maathai bekommt den Friedensnobelpreis.

Bei Amnesty International bedankte sie sich später für die Unterstützung aus vielen Ländern, die sie während ihrer Haft bekommen hatte:
„Ich kann die vielen Male nicht mehr zählen, die ihr mir das Leben gerettet und unsere Arbeit möglich gemacht habt."

Wangari Maathai mit Felix

Die wütenden Attacken Mois machten sie nur noch stärker und bekannter. Als der Diktator 2002 abdanken musste, war das auch das Verdienst des Green Belt Movement. Seit 2003 ist Maathai stellvertretende Ministerin für Umwelt und Naturschutz in Kenia.

Die Grüngürtel-Bewegung ist in 13 Ländern Afrikas aktiv, es wurden etwa 600 Baumschulen gegründet. Bisher wurden um die 30 Millionen Bäume gepflanzt.

Diesem Engagement verdankt Wangari ihren Beinamen „Mama Miti", was auf Swahili „Mutter der Bäume" heißt.

**2007**

Seit 2007 ist Green Belt Movement in Partnerschaft mit Organisationen vor Ort auch in Haiti engagiert, um dort den katastrophalen Auswirkungen der Abholzung mit groß angelegten Wiederaufforstungen entgegenzuwirken. Ziel ist es auch hier, eine Million neue Bäume zu pflanzen. Nach dem furchtbaren Erdbeben Anfang 2010 ist dieses Projekt noch wichtiger geworden, vor allem, weil Haiti zu den ärmsten Ländern der Welt gehört.

*Raphael*

Ich bin dabei, weil ich es sehr wichtig finde, dass wir uns um das Klima kümmern. Wenn wir jetzt endlich anfangen, Bäume zu pflanzen, können wir die Klimakrise vielleicht beeinflussen.

*Joy*

Ich bin in Indonesien aufgewachsen und habe gesehen, wie viele Menschen in Armut und Slums leben und wie stark die Umwelt verschmutzt wird. In den großen Städten ist so ein Smog, da kann man nicht mehr atmen. In Borneo und Sumatra werden riesengroße Wälder einfach abgeholzt und die Orang-Utans haben keinen Platz mehr zum Leben. Auch in Bali, wo ich gewohnt habe, wird Wald einfach abgeholzt und immer mehr Verkehr verpestet die Luft, die Flüsse stinken und überall wird der Müll hingeworfen. Ich habe gelernt, dass Wälder wichtig sind und dass sie die Lunge unserer Erde sind. Ich möchte, dass das jeder versteht, und dass wir sie beschützen.

*Josia*

Mich interessiert alles rund um das Thema „Klima“. Ich finde es auch sehr wichtig zu wissen, wie und warum die Umweltkatastrophen immer schlimmer werden. Wir haben bereits in unserer Schule Vorträge im Unterricht gehalten. Das war echt spannend. Allerdings war ich froh, dass ich das alles zusammen mit meinem Freund Jona gemacht habe. So waren wir uns beide gegenseitig eine Hilfe.

*Lea und Mira*

Wir machen mit, weil wir es total wichtig finden, dass man für das wichtige Thema „Klimawandel“ sensibilisiert wird. Schließlich geht es um **unsere** Zukunft!!! Außerdem haben wir auch mal als Kinder die Möglichkeit, Einfluss zu nehmen, und müssen uns nicht immer anhören, „da müsst ihr erst mal volljährig werden.“ Wir finden Felix' Idee super und wollen auch möglichst viele Leute erreichen, damit seine Idee wie in einem Schneeballsystem weiterverbreitet wird.

*Jona*

Ich mache mit, weil ich mich für unsere Zukunft einsetzen will. Die meisten Erwachsenen reden nur und handeln nicht. Sie denken nur an das Jetzt und dass sie es gemütlich haben wollen. Wenn wir groß sind, sind die Erwachsenen nicht mehr da und kriegen die Katastrophe nicht zu spüren. Gemütlichkeit und Geld sind vielen Erwachsenen wohl wichtiger als wir Kinder. Deshalb müssen wir Kinder was tun. Die Erwachsenen schaffen es ja nicht alleine.

*Alina und Moritz*

Wir machen mit, weil wir unsere Zukunft selbst in die Hand nehmen müssen. Die Politiker reden nur. Wir fangen sofort an, etwas zu tun! Selbst jeder kleine Beitrag ist besser als große Versprechen. Außerdem macht uns das alles großen Spaß.

*Max, Szesima und Karoline*

Wir machen mit, weil wir nicht als die Generation in die Geschichtsbücher eingehen wollen, die alle Küstenstaaten unter Wasser gesetzt hat, sondern als die Generation, die die schwerste Krise der Menschheit gemeistert hat.

*Liam*

Weil wir Kinder einfach etwas gegen die Klimakrise tun müssen!

# Warum mache ich mit?

Wir müssen etwas tun! Denn nichts tun und einfach darauf warten, dass sich die schlimmen Voraussagen zum Klimawandel erfüllen, kommt nicht infrage. Natürlich fragen auch wir uns manchmal: Ob es noch hilft? Ist es nicht doch schon zu spät …?

Ein kluger Mensch hat mal gesagt: „Ob Hilfe zu spät oder noch rechtzeitig kommt, lässt sich nicht immer klar mit Ja oder Nein beantworten. Aber eins ist sicher: Wer aufgibt, hat schon verloren!“

**Wir geben nicht auf.
Im Gegenteil: Wir fangen jetzt erst richtig an!**

*Jule und Merle*
Wir müssen uns selber um unsere Zukunft kümmern, denn sonst können wir nicht überleben. Durch die Aktion von Plant-for-the-Planet haben wir sogar noch Spaß dabei. Durch die Größe der Initiative bekommt man mehr Aufmerksamkeit und Gehör, als es einem allein gelingen würde – man kann schon manchmal stolz sagen: „Schaut, das sind wir und das machen wir!“ Besonders beeindruckt es uns, wie gut alle Kinder auf der Welt mit Plant-for-the-Planet zusammenarbeiten. Früher hatte „Welt“ wenig mit uns zu tun, bestenfalls für besondere Reiseziele. Jetzt fangen wir wirklich an, global zu denken und global zu empfinden.

*Leon*
Ich mache mit, weil wir unsere Erde retten wollen – und das geht nur, wenn die Menschen ihre Umwelt besser verstehen. Wir wollen unsere Mitmenschen aufklären – ihnen z. B. erklären, dass man nicht jeden Tag Fleisch essen muss, weil unvorstellbar große $CO_2$-Mengen allein schon durch unsere Fleischproduktion verursacht werden.

*Clara*
Es gibt viele Gründe: Zum einen will ich später auch noch richtigen Schnee haben, aber eigentlich geht es mir um meine Zukunft und um die miese Situation der Menschen in der Dritten Welt. Für mich gehört zum Klimaschutz auch soziale Verantwortung.

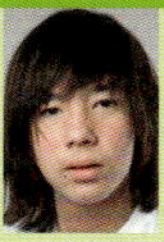

*Julian*
In Indonesien habe ich mehr als hier in Deutschland die Umweltverschmutzung und vor allem die Rodung von Wäldern hautnah erlebt und auch die Folgen erkennen können. Es sind viele Erdrutsche entstanden und viele Tierarten sind schon ausgestorben. Die Luftverschmutzung durch den Autoverkehr und die Mofas ist groß und in Jakarta gibt es regelmäßig Smog-Alarm. Dort habe ich angefangen, mir Gedanken über die Umwelt zu machen. Und ich habe mich gefragt, weshalb die Menschen so grob mit der Natur umgehen und sie überall zerstören. Ich finde es das wichtigste Ziel überhaupt, dass wir etwas dagegen tun, sonst können wir unser schönes Leben vergessen. Ich habe dann hier gesehen, dass die Klimakrise auch schon in Europa große Katastrophen anrichtet, und möchte unbedingt etwas dagegen unternehmen. Wir können nicht nur an heute denken!

*Franziska*
Ich finde es toll, dass ich in der ganzen Welt Freunde kennenlerne und mit ihnen nicht nur die Welt retten, sondern auch Spaß haben kann.

*Niklas*
Ich mache mit, weil ich etwas für die Umwelt tun möchte, aber auch, damit wir alle zusammen auf der Welt gemeinsam einen Ausgleich schaffen.

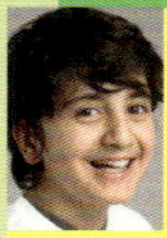

*Melik-Sina*
Warum ich mitmache? Weil wir mit Plant-for-the-Planet etwas für unsere Zukunft tun können.

# 2. Was heißt eigentlich Klimawandel?


Klima in der Krise 30

Was ist Klimagerechtigkeit? 42

Was Bäume gegen die Klimakrise tun 46

# Klima in der Krise

**Wenn es im Mai noch mal richtig schneit, sagen viele: „Das ist der Klimawandel." Wenn es im Hochsommer tagelang regnet und die Flüsse über die Ufer treten, hört man – manchmal sogar im Fernsehen: „Daran ist der Klimawandel schuld." Dabei muss es gar nichts mit der Klimaveränderung zu tun haben, wenn das Wetter mal verrückt spielt. Klima und Wetter sind nämlich zwei ganz verschiedene Dinge.**

Clara hat dazu einfach mal den „Wetterfrosch" der ARD, Sven Plöger, interviewt. Was dabei herausgekommen ist – nämlich nicht nur der Unterschied von Wetter und Klima, sondern viel mehr –, seht ihr hier:

## Clara interviewt den „Wetterfrosch" der ARD

„Ich darf dich doch duzen, oder?"

*„Na klar, Herr Plöger, sonst komme ich mir so alt vor."*

„Das geht mir auch so. Duze mich doch auch!"

*Schon der Anfang meines Gesprächs mit Sven Plöger war locker. Und so sollte es auch bleiben. Er hat mir auf fast alle meine Fragen sehr detailliert und ausführlich geantwortet.*

*Sven, wie heißt dein Beruf denn genau?*

Ich bin ein Diplom-Meteorologe: „Diplom", weil ich Meteorologie studiert habe. Und weil ich auch noch

den Wetterbericht verkünde, werde ich auch „Wetterfrosch“ genannt.

*Wie lange arbeitest du schon als Wetterfrosch?*

Ich glaube, dass es jetzt ungefähr 14 Jahre sind.

*In meinen Vorträgen als Botschafterin für Klimagerechtigkeit erkläre ich Klima immer als Durchschnittstemperatur. Doch das ist ja etwas vereinfacht. Was ist das jetzt genau?*

Klima ist nicht nur die Durchschnittstemperatur, sondern auch der Durchschnitt von Niederschlag und sonstigem Wetter. Es wird über eine Spanne von 30 Jahren ermittelt. Man nimmt also immer den Mittelwert. Aber nicht nur den zeitlichen, sondern auch den räumlichen.

Klima ist also das Ergebnis von 30 Jahren Mitteln auf der ganzen Erde.

Ein für mich sehr wichtiger Aspekt ist aber auch, dass wir das Wetter fühlen können, das Klima aber nicht.

*Aber es gibt auch Gemeinsamkeiten, oder?*

Gemeinsamkeit insofern, als beides – also Wetter und Klima – mit den physikalischen Vorgängen in der Atmosphäre zu tun hat. Trotzdem sind sie aber etwas Verschiedenes.

Ich habe ein Beispiel aus dem Sport: Volleyball und Fußball. Beides wird mit einem Ball gespielt. Doch beim einen versucht man, den Ball über ein Netz zu kriegen, beim anderen in ein Netz. Volleyball und Fußball haben also die Gemeinsamkeit, dass beide Ballspiele sind, trotzdem gelten ganz andere Regeln.

So ungefähr ist es auch mit Wetter und Klima.

*Hast du in der bisherigen Arbeitszeit Gemeinsamkeiten zwischen dem Klimawandel und dem Wetter in Deutschland festgestellt?*

Von Tag zu Tag eigentlich nicht.

In den letzten 100 Jahren ist die Durchschnittstemperatur in Deutschland um 1,1 °C gestiegen, auf dem ganzen Globus um 0,7 °C – das ergeben die langjährigen Messungen. Das erscheint als nur sehr wenig. Doch die Durchschnittstemperatur ist seit der letzten Eiszeit, die etwa 11.000 Jahre zurückliegt, um 4 °C gestiegen. Wenn wir so weitermachen, wird die Temperatur in den nächsten 100 Jahren um 2 bis 4 °C steigen.

Bis jetzt ist die Schwankungsbreite der Unwetter in Deutschland dabei übrigens normal geblieben. Allerdings kann die Atmosphäre, wenn sie wärmer ist, mehr Wasser aufnehmen. So wird die Anzahl der Umwetter künftig vermutlich steigen.

*Was sind deine Tipps, was man gegen den Klimawandel tun kann?*

Mir ist es ganz wichtig, den Leuten zu erklären, dass man viel gegen den Klimawandel tun kann. Nicht gleich verzweifeln!

Momentan verändern zwei Faktoren gleichzeitig das Klima: die Natur und der Mensch. Was die Natur macht, ist nicht beeinflussbar. Doch was der Mensch tut, ist beeinflussbar! Auf der ganzen Welt werden 13,8 Milliarden Liter Öl täglich verbraucht. Also müssen wir uns überlegen: Wie gehe ich mit Energie um? Zum einen kann ich Energie sparen, aber ich kann auch alternative Energien verwenden. Hierzu müssen die schon bestehenden Technologien besser genutzt und neue entwickelt werden.

Für den Einzelnen gilt: Jeder sollte sich klarmachen, dass er selbst einen wichtigen Beitrag zum Klimaschutz liefern kann. Und dann sollte man auch wirklich aktiv loslegen. Immer nur zu warten, bis der andere etwas tut, bringt uns nicht weiter. Außerdem hilft Neid nicht: Nur weil mein Nachbar ein riesiges Auto hat, brauche ich das doch noch lange nicht. Viel besser: Genießt einfach ein umweltfreundliches Leben.

*Was machst du selbst?*

Ich habe Ökostrom, benutze also alternative Energien. Außerdem versuchen wir in der Firma, Papier zu sparen.

*Das Argument, dass alternative Energien noch nicht genügend entwickelt sind, stimmt ja nicht. Warum wurde dann immer noch nicht der allgemeine Umstieg geschafft?*

Die Notwendigkeit dazu haben leider noch nicht alle Menschen verstanden. Zum anderen wird viel Geld mit Umweltverschmutzung gemacht. Es muss einen zu zahlenden Preis auf die Emissionen geben – weltweit!*

* Was Sven damit genau meint, findet ihr beim Thema „Klimagerechtigkeit“ ab Seite 42.

Ein beliebtes Argument ist dazu noch: „Saubere Energie ist viel zu teuer!“ Herkömmliche Energie ist aber nur deshalb billiger, weil nicht alle Folgekosten, die herkömmliche Energien verursachen, bezahlt werden. Die Natur bekommt keinen „Schadensersatz“ von uns für das, was wir ihr antun. Wir haben ein falsches Preisverständnis!

*Du hast sowohl moralische Gründe als auch politische genannt. Gibt es auch noch andere Gründe?*

Oh ja. Zum Beispiel die Wirtschaft: Wenn jetzt die Regierung des Landes A sagt: „Wir erhöhen unsere Umweltstandards“, sagt die Firma: „Das kostet uns Geld, das wollen wir nicht.“ Also verlegen sie einfach ihre Produktionshallen in das Land B. Für A bedeutet das wirtschaftlichen Verlust. Also macht Land A lieber nichts …

*Sven, möchtest du noch etwas zum Abschluss sagen?*

Ich bitte euch: Schaut positiv in eure Zukunft und macht so weiter. Ihr seid auf dem richtigen Weg!

*Herzlichen Dank für dieses sehr aufschlussreiche Gespräch!*

*Das Interview führte Clara, Botschafterin für Klimagerechtigkeit aus Augsburg.*

Wetter ist also das, was wir heute oder morgen oder in einem Monat erleben. Klima dagegen ist der Durchschnitt der Wetterdaten von 30 Jahren. Erst wenn sich das Wetter im Lauf von Jahrzehnten in eine Richtung verschiebt – wenn also zum Beispiel die Sommer auf lange Sicht trockener und heißer werden, wo sie früher feucht und kühl waren –, erst dann ist das ein Zeichen dafür, dass sich das Klima ändert.

# Der Klimawandel vor unserer Zeit

**Wenn vom Klimawandel die Rede ist, reagieren viele Menschen ziemlich wurstig. „Na und?", sagen sie achselzuckend. „Das Klima hat sich schon immer geändert. Ist doch normal!"**

Stimmt, das Klima auf der Erde hat sich tatsächlich immer schon geändert – aber im Schneckentempo. Warm- und Kaltzeiten haben sich zwar ständig abgewechselt, aber in den 11.000 Jahren seit der letzten Eiszeit ist die Durchschnittstemperatur zum Beispiel nur um 4 °C gestiegen. Weil es so langsam wärmer wurde, hatten die meisten Tiere und Pflanzen genug Zeit, sich anzupassen oder auszuweichen, falls ihnen das neue Klima nicht behagte.

Dass wir heute einigermaßen genau wissen, welches Klima vor Hunderttausenden von Jahren auf der Erde herrschte, hat auch mit den Gletschern zu tun. Gletscher helfen nämlich den Wissenschaftlern, die Frage zu beantworten, wann es wo wie lange wie warm oder wie kalt war. Weil Gletscher jedes Jahr um eine Eisschicht dicker werden, konnten Experten aus den „Jahresringen" zum Beispiel errechnen, dass die tieferen Schichten der Grönland-Gletscher über 200.000 Jahre alt sein müssen und die Gletscher Antarktikas vermutlich sogar über 900.000 Jahre auf ihrem eisigen Buckel haben.

800.000 Jahre alter Eisbohrkern, aus 3.200 Metern Tiefe gebohrt

Wissenschaftler nehmen lange zylinderförmige Proben aus diesem alten Eis: Man sagt, sie ziehen Eisbohrkerne. Diese Eisbohrkerne – genauer gesagt: die winzigen Luftbläschen, die im Eis eingeschlossen sind – sind für die Wissenschaft hochinteressant. Wie viel Methan ($CH_4$) ist in den Gasbläschen in 150, 170, 200 Meter Eistiefe enthalten? Und wie viel Kohlendioxid ($CO_2$)? Ist der Anteil an Kohlendioxid oder Methan zum Beispiel ungewöhnlich hoch, dann muss das Klima damals, als die Gasbläschen eingeschlossen wurden, auffällig warm gewesen sein.

## Die Klima-Macher

Aber was haben Kohlendioxid und Methan mit dem Klima zu tun?

Eine ganze Menge. Diese beiden Gase – und noch ein paar andere – machen das Klima. Sie funktionieren in gewisser Weise wie ein warmer Pullover, der ja auch verhindert, dass die Körperwärme sich verflüchtigt. Wenn Sonnenstrahlen auf die Erdoberfläche auftreffen, wird ein Teil davon reflektiert (sozusagen zurückgespiegelt) und ein Teil in Wärme umgewandelt. Eigentlich müsste diese Wärme wieder abgestrahlt werden und im Weltraum verschwinden, aber es gibt da etwas, das diese Wärmeabstrahlung verhindert: Die Erde hat eine Schutzhülle aus Gasen, die Atmosphäre – ihren „Pullover". Einige Gase in der Atmosphäre haben die Eigenart, die Sonnenstrahlen zwar ohne Weiteres durchzulassen, die Wärme(rück)strahlung aber zum Großteil abzufangen – genauso, wie die Glashülle eines Treibhauses zwar die Sonnenstrahlen herein-, die Wärme aber nicht mehr hinauslässt. Deshalb werden solche Gase Treibhausgase genannt. Wichtige Treibhausgase sind Kohlendioxid, Methan und Wasserdampf. Ihnen haben wir es vor allem zu verdanken, dass wir auf der Erde eine behagliche Durchschnittstemperatur von 15 °C haben. Gäbe es keine Treibhausgase, läge die Durchschnittstemperatur bei 18 °C unter Null! Ganz schön ungemütlich!



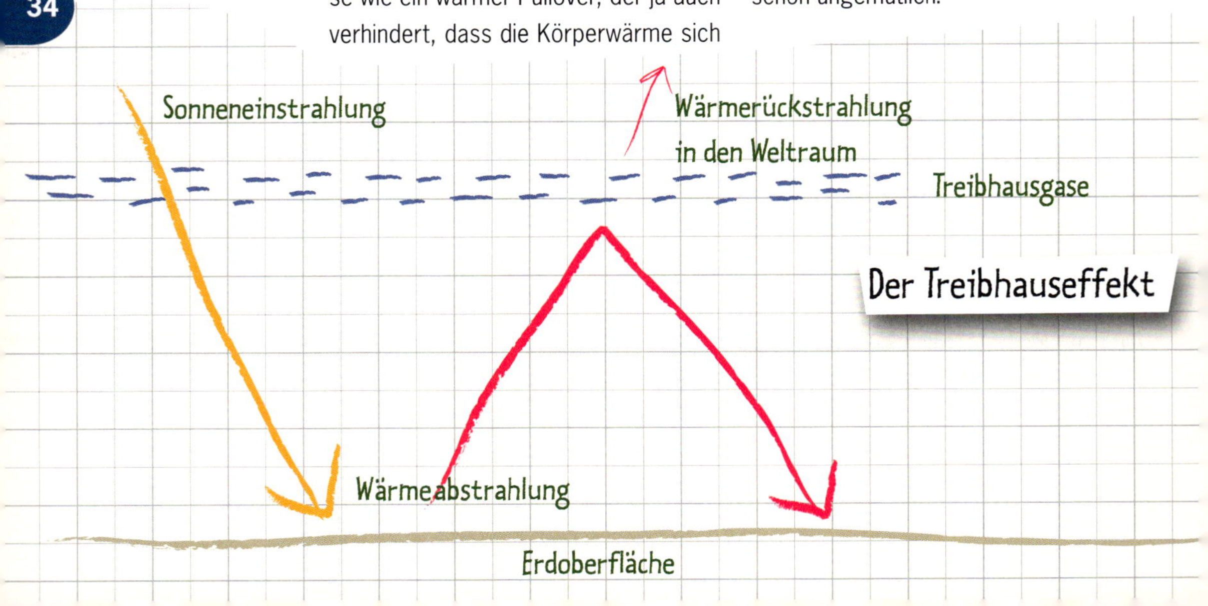


Der Treibhauseffekt

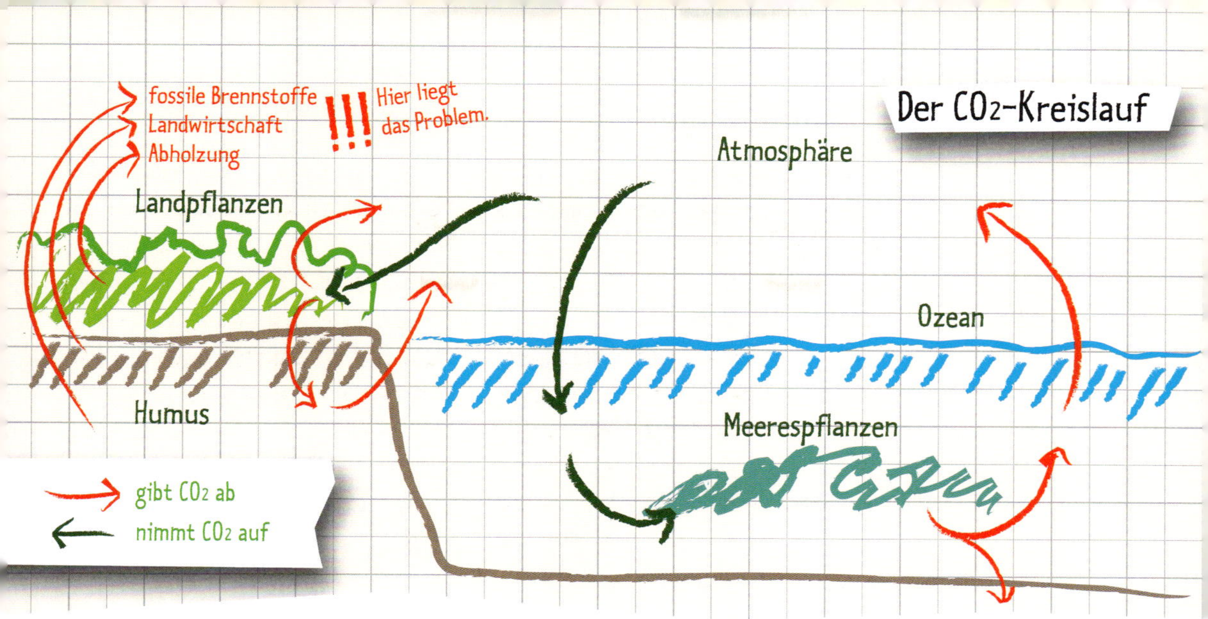


## Der Kreislauf des Kohlendioxids

Kohlendioxid ist in der Atmosphäre ständig in Bewegung. Pflanzen nehmen das Gas durch unzählige winzige Blattporen auf und verarbeiten es auf sehr raffinierte Weise zu Pflanzennahrung und Pflanzengewebe. Bei diesem komplizierten Vorgang bleibt Sauerstoff sozusagen als Abfall übrig und wird von der Pflanze „ausgeatmet". Aber genau diese „Pflanzenabgase" brauchen Tiere und Menschen zum Leben; sie atmen Sauerstoff ein und Kohlendioxid aus, das von den Blättern der Kräuter, Büsche und Bäume dann wieder eingesaugt wird – ein perfekter Kreislauf.

Kohlendioxid gelangt aber nicht nur dann in die Luft, wenn Tiere und Menschen ausatmen. Auch jedes Mal, wenn ein Tier verwest, ein Zweig verrottet oder ein Stück Holz verbrennt, steigt $CO_2$ in die Atmosphäre auf. Der Tod von Pflanzen und Tieren ist wie ein letztes großes Ausatmen.

## Wo Kohle und Erdöl herkommen

In der Geschichte unserer Erde gab es eine Zeit, zu der das Klima viel wärmer und feuchter war als heute. Für Pflanzen war das paradiesisch. So schnell und üppig wie damals sind sie nie wieder gewachsen. Wo allerdings Wälder in Sumpfland wuchsen, konnten die abgestorbenen Urwaldriesen, Baumfarne und all die anderen Urwaldgewächse nicht verrotten, denn kaum waren sie umgestürzt, hatten Schlamm und Wasser sie auch schon zugedeckt. Zum Zersetzen brauchen Pflanzen Luft, und die hatten sie in ihren nassen Gräbern nicht. In solchen Sumpfgebieten blieben die Stämme, Stängel und Blätter deshalb einfach im Wasser liegen, wo sie sich im Laufe der Zeit zu dicken Schichten ansammelten.

Zunächst verwandelten sich die abgestorbenen Pflanzen in Torf; als sich auch noch dicke Schichten Sand und Geröll darauf ablagerten, wurde der

Torf im Laufe von Jahrmillionen zu Kohle gepresst. Das heißt: Das Kohlendioxid, das in den Blättern, Ästen und Stämmen der Urwälder gespeichert war, gelangte nicht in die Atmosphäre, sondern blieb in Torf und Kohle gebunden und wurde abgelagert. Es war, als hätte man das $CO_2$ auf ein gewaltiges Sparkonto gelegt.

Erdöl ist ganz ähnlich entstanden: Im Laufe von Hunderttausenden von Jahren lagerten sich abgestorbene Meerestiere und -pflanzen auf dem Meeresboden ab. Wo sich deren winzige Überreste nicht weiter zersetzen konnten, weil zu wenig Sauerstoff im Wasser war, verwandelten sie sich zunächst in fauligen Schlamm. Im Laufe von Jahrmillionen wurden diese „Friedhöfe" von immer dickeren Schichten, von Sand und anderem Material, überlagert. Sie gerieten unter immer höheren Druck bei immer höheren Temperaturen (Druck erzeugt Wärme), bis aus der gammelnden Masse schließlich Erdöl wurde. Auch Erdöl ist sozusagen ein Sparkonto für $CO_2$.

Große Öllagerstätten, egal ob sie auf der Arabischen Halbinsel, in Venezuela oder am Kaspischen Meer liegen, müssen also vor Zigmillionen Jahren einmal Meeresböden gewesen sein.

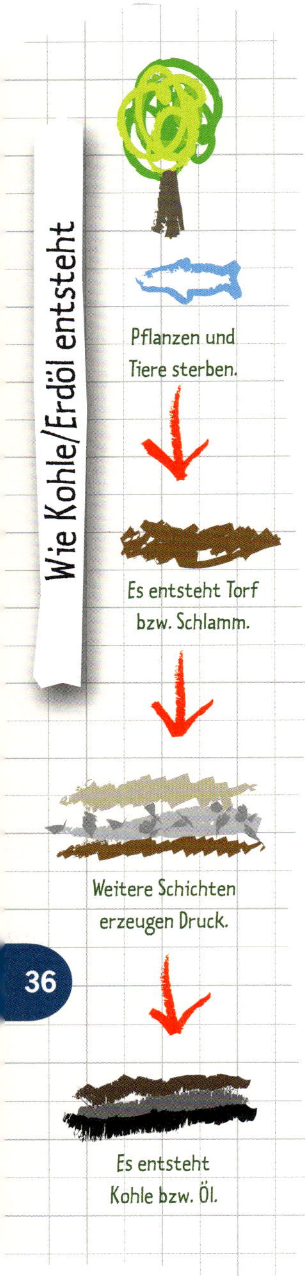


## Rauchende Schlote

Solange der Mensch über die Jahrtausende nur das verbrannte, was *überirdisch* in Reichweite war – Holz vor allem, aber auch Torf und Tierdung –, war alles im Gleichgewicht. Das (wenige) Kohlendioxid, das beim Verbrennen freiwurde, konnten die nachwachsenden Pflanzen wieder binden und „aus dem Verkehr ziehen". Das Dilemma begann erst, als die Menschen entdeckten, dass Kohle und Erdöl hervorragend brennen. Sie gruben zunächst die Kohle aus der Erde, die dicht unter der Oberfläche lag. Später entwickelten sie immer raffiniertere Methoden, um auch die tiefer gelegenen Kohlelager und Erdölvorkommen abbauen zu können. Die zu Kohle gepressten alten Wälder und die zu Erdöl umgewandelten Meeresorganismen heißen übrigens „fossile Brennstoffe".Das lateinische Wort „fossilis" bedeutet nämlich „ausgegraben".

Viele Dinge, die wir als Menschen tun, produzieren Unmengen an $CO_2$. Eine riesige $CO_2$-Wolke wird durch den Transport mit Flugzeugen, Autos und Schiffen ausgestoßen. Bei der Energie- und Wärmegewinnung (damit wir Strom haben und heizen können!) entstehen sogar noch größere Abgasmengen. Ganz viel $CO_2$ entsteht zum Beispiel aber auch, wenn Wälder abgeholzt oder in Brand gesteckt werden.

Hätte man sie besser nicht ausgegraben? Hätte man sie lieber in der Erde lassen sollen? Ohne die „schnelle Energie" aus Kohle und Erdöl hätte das Industriezeitalter mit all seinen Fortschritten, aber auch mit all den Schattenseiten und Problemen für die Menschheit nie beginnen können. Seit Erdöl und Kohle brennen, werden die Kohlendioxidmengen wieder frei, die vor Ewigkeiten gespeichert worden sind. In wenigen Jahrzehnten verbrauchen wir die Ersparnisse der Erdgeschichte. In *einem einzigen Jahr* pusten wir so viel $CO_2$ in die Luft, wie die Pflanzen in *Jahrmillionen* gebunden und gespeichert haben! Und je mehr Kohlendioxid in die Atmosphäre entlassen wird, desto mehr Treibhausgase stauen sich in der Atmosphäre und desto wärmer wird es auf dem Erdball. Kein Wunder, dass das Klima verrückt spielt.

Es gibt aber auch noch $CO_2$-Quellen, an die man so schnell nicht denkt. Zu den vertrauten Bildern auf dem Land gehört zum Beispiel das Pflügen im Frühjahr. Starke Traktoren ziehen große, tief reichende Pflugscharen durch die Erde. Hätte $CO_2$ eine Farbe – zum Beispiel Gelb –, würde man gigantische, schwefelgelbe Wolken über dem umgeackerten Feld wabern sehen; und wo der Pflug die Schollen kippt, würde es rauchen wie aus Schloten.

In der oberen Erdschicht sind nämlich unvorstellbar große Mengen $CO_2$ gespeichert, die beim Pflügen aufsteigen. Die Biolandwirtschaft ist (nicht nur deshalb) vom Pflügen weitgehend abgekommen. Biolandwirte „grubbern" lieber, das heißt, sie lockern die Erde nur auf, ohne dabei gewaltige $CO_2$-Wolken aufzuwirbeln. Auch die Sorge um das Klima kann also ein guter Grund sein, Biolebensmittel zu kaufen.

## Der Mensch als Klimamotor

Es stimmt, dass sich das Klima schon immer geändert hat, aber der heutige Klimawandel läuft in einem Tempo ab, wie es die Erde seit Urzeiten nicht mehr erlebt hat. Die Konzentrationen von $CO_2$

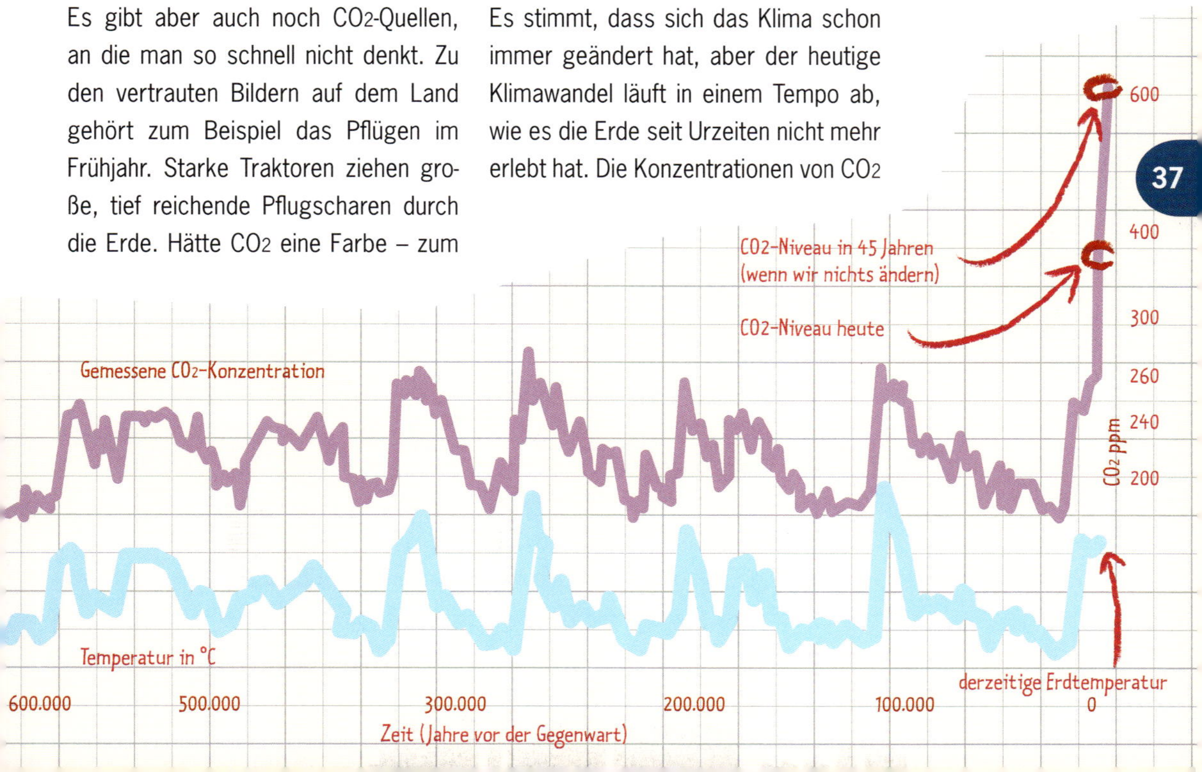

## Methan und die Kuh als Sündenbock

Die schlechte Nachricht zuerst: Methan ist als Treibhausgas **25 Mal wirksamer** als Kohlendioxid. Die gute Nachricht: Methan ist ein sehr seltenes Gas. Der Anteil von Kohlendioxid in der Atmosphäre ist fast **400 Mal so hoch** wie der von Methan; deshalb trägt es trotz allem weit weniger zur Klimaerwärmung bei als $CO_2$.

Methan steigt zum Beispiel aus Mülldeponien, Reisfeldern und Sümpfen auf; außerdem wird es freigesetzt, wenn Dauerfrostböden auftauen. Methan weht aber auch - kein Witz! - aus Kuhhinterteilen und -mäulern. Jedes Mal, wenn eine Kuh rülpst oder furzt - und das tun Kühe unglaublich oft am Tag -, gibt sie Methan ab. Und weil wir Menschen (genauer: weil die wohlhabenderen Menschen) ungeheure Mengen Rindfleisch essen, gibt es unübersehbar große Rinderherden, die rülpsen und furzen und dabei die Atmosphäre belasten.

Aber im Grunde wird den Rindern eine Schuld zugeschoben, die eigentlich bei uns liegt. Wenn Rinder nämlich auf Grünland leben dürfen, wie es die Natur eigentlich vorgesehen hat, und nicht in Ställen mit importiertem Schnellmastfutter wie Soja gehalten werden, sieht die Sache schon anders aus.

Für den Sojaanbau wird nämlich der Regenwald gerodet. Nicht nur, dass dadurch die grüne Lunge unserer Erde immer kleiner wird und damit immer weniger $CO_2$ speichern kann, es entsteht auch ein riesiger Anteil des menschengemachten $CO_2$-Ausstoßes durch diese Brandrodung. Das Soja verfüttern wir dann an die $CH_4$ rülpsenden und $CH_4$ furzenden Kühe, um jeden Tag Fleisch essen zu können.

Muss das wirklich sein?

und Methan sind höher als je zuvor in den letzten 600.000 Jahren. Die Erde war in den letzten 1.000 Jahren nie so warm wie heute. Die Durchschnittstemperatur auf dem Globus ist allein innerhalb der letzten 100 Jahre um 0,74 °C gestiegen. In einem einzigen Jahrhundert ein dreiviertel Grad Celsius! Früher hätte die Erde dafür über 2.000 Jahre gebraucht!

„Na und?", sagen viele Menschen. „Nicht mal ein lächerliches Grad! Worüber regt ihr euch eigentlich auf?"

Wir regen uns auf, weil 0,74 °C nur der durchschnittliche Temperaturanstieg ist. In manchen Gebieten geht es auch erheblich schneller. In Alaska zum Beispiel ist es seit den 1950er-Jahren um 3 bis 4 °C, in Westsibirien seit den 1960er-Jahren um 3 °C wärmer geworden. Die Dauerfrostböden in Alaska und in Sibirien beginnen schon aufzutauen, die Straßen und Gebäude werden brüchig und fangen an einzustürzen.

Wir regen uns auf, weil die 0,74 °C Erwärmung erst der Anfang sind. Wissenschaftler haben nämlich errechnet, dass sich die Erde bis zum Ende dieses Jahrhunderts weiter aufheizen wird – schlimmstenfalls um bis zu 4 °C –, wenn wir nicht schleunigst gegensteuern.

Wir regen uns auf, weil sich selbst der kleine Temperaturanstieg von 0,74 °C schon gewaltig bemerkbar macht: Der Meeresspiegel ist im letzten Jahrhundert schon um rund 15 Zentimeter angestiegen, weil das Eis der Gletscher und die Eisdecken auf Grönland und Antarktika verdammt schnell wegschmelzen. In den Gletschern und den Eispanzern Antarktikas und Grönlands sind ungeheure Wassermengen eingelagert und „weggestapelt“. Und diese Wassermengen verflüssigen sich nach und nach und füllen die Weltmeere auf.

Fachleute schätzen, dass bis Ende dieses Jahrhunderts die Meere äußerst bedenklich angestiegen sein werden. Inseln im Indischen Ozean wie die Malediven wären dann fast vollständig überschwemmt, die Küstenlinien werden sich auf jeden Fall verändern und Küstenstädte vom Meer geschluckt. 40 Prozent aller Menschen leben in Küstennähe, ungefähr 100 Millionen würden ihre Heimat verlieren und dadurch zu Klimaflüchtlingen.

Und an den veränderten Küstenlinien wird das Leben nicht sein wie zuvor: Da Korallenriffe die wärmeren Wassertemperaturen nicht ertragen, sterben die Milliarden von Korallentierchen nach und nach ab. Korallenriffe aber sind ein natürlicher Schutz. Ohne sie haben Naturgewalten leichteren Zugang zu den ungeschützten Küsten. Ohne Korallenriffe werden Sturmfluten und Tsunamis* noch viel mehr Todesopfer fordern als bisher. Riffe zählen übrigens, ähnlich wie der tropische Regenwald, zu den Lebensräumen mit der größten Artenvielfalt der Welt. Diese Artenvielfalt würde mit den Riffen für immer ausgelöscht.

Während an den Küsten das Wasser steigt, beginnen sich anderswo Wüsten auszubreiten; Land, das bisher noch Menschen ernähren konnte, geht für die Menschheit verloren; Regenwälder mit ihrer unglaublichen Vielfalt an Pflanzen und Tieren drohen auszutrocknen und zu veröden. Die Experten streiten sich noch, ab wann es auch für Regenwälder zu heiß würde – dass es aber auch hier „Grenzen der Belastbarkeit“ gibt, ist bestimmt richtig.

Ähnlich bedrohlich ist das, was mit vielen Flüssen passiert. Etliche Ströme und Flüsse sind weitgehend von Gletscherwasser abhängig. Wenn sie nicht mehr vom Schmelzwasser „gefüttert“ werden, weil es keine Gletscher mehr gibt, können aus riesigen Strömen kleine Flüsse oder gar Rinnsale werden, die nur hier und da, nur hin und wieder, von Regengüssen gespeist werden. Was das beispielsweise für den indischen Ganges und die Millionen von Menschen an seinen Ufern bedeuten würde, können wir uns in unseren schlimmsten Alpträumen nicht vorstellen. Trinkwasser, das die Gletscher uns heute liefern, würde verschwinden, Hungersnöte würden ausbrechen, Millionen Menschen müssten vor Dürre und Hunger fliehen und versuchen, in lebensfreundlichere Gebiete abzuwandern. In den weniger stark betroffenen, reicheren Ländern – vor allem in Nordamerika und in den Ländern Europas – würde es dann sehr schnell sehr voll werden. Wir müssten uns auf Kriege gefasst machen, die um Trinkwasser und Nahrung ausbrechen.

**Das wollen wir unbedingt verhindern!**

Über die Jahre haben Felix und die Botschafter für Klimagerechtigkeit gelernt, dass es gar nicht nur darum geht, den Eisbären zu retten; es geht um die Zukunft der ganzen Menschheit. Während eines Vortrags in Genf hatte Felix eine Idee für einen frechen Aufkleber, die sein Freund Johann umsetzte. Die Idee fand ihren Weg bis zum Weltklimagipfel in Kopenhagen: Erwachsene zogen dort vor das Tagungszentrum der „Klima-Politiker“ und schwenkten Transparente und Poster mit diesen protestierenden Eisbären: „Rettet die Menschen!“



* Tsunamis sind gigantische Wellen, die vor allem durch Erdbeben ausgelöst werden.

„Und gegen all diese drohenden Entwicklungen wollt ihr anpflanzen?“, fragt man uns. Ja! Denn es geht nicht nur um $CO_2$-Speicher mit Wurzeln, es geht auch darum, Zeichen zu setzen: Indem wir Kinder auf der ganzen Welt Bäume pflanzen, verstehen wir uns als Weltfamilie, als Weltbürger. Wir fragen nicht, wer für das Chaos verantwortlich ist, sondern wir packen gemeinsam an. Es geht auch darum, Mut zu machen!

Wir wissen natürlich, dass pro Jahr viel mehr Wald vernichtet wird, als wir von Plant-for-the-Planet nachpflanzen können. Wir wissen natürlich auch, dass die jungen Bäume und Sträucher, die wir in die Welt setzen, noch längst nicht so viel $CO_2$ schlucken wie Regenwälder. Aber wir wissen auch, dass Nichtstun keine Alternative ist.

Wir Botschafter für Klimagerechtigkeit sind schon viele und wir werden immer mehr. Wir erleben, dass diejenigen, die eigentlich mit dem Retten dran wären, immer noch zu wenig tun.

Die meisten Politiker, Industriellen, Firmenchefs und Landwirtschaftsvertreter,

Aletschgletscher, Schweiz, um 1900 und 2005

# Nicht jede Eisschmelze erhöht den Meeresspiegel

In Gesprächen mit den Menschen, die wir überzeugen wollen, haben wir oft bemerkt, dass es ein großes Missverständnis gibt. Ein Missverständnis, wenn es um das Eis geht, und um die Frage, was weltweit passiert, wenn es taut.

Viele meinen, wenn das Meereis taut – also die Eisschollen, die auf dem Meer schwimmen –, würde sich der Meeresspiegel erhöhen. Das ist falsch. Wenn in einem zu drei Viertel gefüllten Wasserglas ein Eiswürfel schwimmt, läuft das Glas nicht über, wenn der Würfel schmilzt. Und wenn in unserem Gartenteich Mitte März die Eisdecke geschmolzen ist, dann ist nicht mehr Wasser drin als im Herbst zuvor. Wenn wir aber an den Rand des Teiches einen mächtigen Eisblock legen würden, könnte sein Tauwasser im Frühling sehr wohl den Teich über die Ufer treten lassen.

Genauso ist es mit dem Eis, das als „weggestapeltes Wasser“ auf den Kontinenten liegt: Wenn die globale Erwärmung es schmelzen lässt, rinnt das Schmelz-

die sich weigern, das „Überlebensnotwendige“ zu tun, werden 2040 nicht mehr da sein. Aber wir. Es geht um unsere Zukunft, um unser Leben! Deswegen verwenden wir den Ausdruck Klima*krise*. Klima*wandel* klingt gemütlich. „Krise“ zeigt den Ernst der Lage und macht klar, dass wir Menschen gefordert sind, etwas zu tun.

Wir wissen, dass wir einen langen Weg vor uns haben, aber jeder Weg hat einmal mit dem ersten Schritt begonnen – und wir sind über den ersten Schritt längst hinaus.

*

Vereinfachte Eselsbrücke:
Nordpoleis schwimmt und ist 2 Meter dick.
Grönlandeis ist auf Land und ist 2 Kilometer dick.

Mit der Klimaerwärmung werden extreme Wetterereignisse zunehmen. Und mit sogenannten Jahrhunderthochwassern muss man heute schon alle paar Jahre rechnen.

wasser ins Meer und lässt den Meeresspiegel steigen. Festlandeis (also „weggestapeltes Wasser“) liegt vor allem und in gigantischen Mengen auf Antarktika und Grönland, aber auch als Gletscher in Gebirgen und als Inlandeis in Südamerika.

Das Meereis bleibt also außen vor, wenn es um die Dinge geht, die das Klima beeinflussen? Nein! Schmelzende Eisschollen auf dem Meer haben durchaus Einfluss auf das Weltklima. Es macht sich sehr wohl bemerkbar, wenn Meere, die bisher ganzjährig oder über viele Monate des Jahres vereist waren, ihre Eishaut verlieren. Schnee und Eis reflektieren nämlich das Sonnenlicht wie eine riesige Alufolie: Die Sonnenstrahlen werden teilweise bis zu über 90 Prozent reflektiert und zurück in den Weltraum geschickt, noch ehe sie die Erde und die Atmosphäre erwärmen konnten.

Wenn nun aber diese riesigen Spiegelflächen (wie das schwimmende Meereis rund um die Pole) schmelzen, verschwindet der „Kühlschrank der Erde“. Wenn die Sonne aufs Wasser scheint, nimmt das Wasser gut 90 Prozent der Hitze auf. Es bleibt mehr Wärme im „System Erde“, die Festlandgletscher tauen noch schneller, der Pegel der Ozeane steigt noch rasanter.

# Was ist Klimagerechtigkeit?

**Ein Amerikaner pustet im Durchschnitt jedes Jahr 20 Tonnen $CO_2$ in die Luft, ein Europäer 10 Tonnen, ein Chinese 4 Tonnen und ein Afrikaner nur knapp eine halbe Tonne.**
**Die USA und die Europäer – zusammen ungefähr 1 Milliarde Menschen – sind für 60 Prozent des ausgestoßenen $CO_2$ verantwortlich, und die übrige Menschheit – das sind fast 6 Milliarden Menschen – teilen sich die restlichen 40 Prozent.**

**Ist das gerecht?**
**Natürlich nicht!**

Das klingt zwar erst einmal komisch, aber wir finden: Alle Menschen sollten dasselbe Recht haben, $CO_2$ auszustoßen, ganz gleich, wo sie leben oder wo sie geboren sind. Wenn man mal von den heutigen $CO_2$-Werten ausgeht, wären das ungefähr 4 Tonnen Kohlendioxid pro Jahr und Person.
Aber sogar wenn wir erreichen würden, dass der $CO_2$-Ausstoß gerecht und gleichmäßig auf alle verteilt wäre, müsste sich noch sehr viel ändern. Ein durchschnittlicher Ausstoß von 4 Tonnen $CO_2$ pro Jahr wäre nämlich viel zu hoch und würde zu einem Klimachaos mit all seinen schrecklichen Folgen führen. Die Meeresspiegel zum Beispiel würden dann bis zum Ende dieses Jahrhunderts katastrophal ansteigen, wenn wir an unserem $CO_2$-Ausstoß nichts ändern. Weil fast 40 Prozent der Menschen in Küstennähe leben, würden dann Millionen von Menschen ihre Heimat verlieren – und zwar vor allem Menschen aus Ländern, die bisher am allerwenigsten für den $CO_2$-Anstieg in der Atmosphäre verantwortlich sind. Ist das nicht eine himmelschreiende Ungerechtigkeit?

**Wir müssen also zweierlei tun: Wir müssen den $CO_2$-Ausstoß gerecht auf alleverteilen. Und wir müssen ihn unbedingt auf 2 Tonnen pro Jahr und Kopf senken, denn mit dieser Menge $CO_2$ kommt die Erde wahrscheinlich gerade noch klar.* Wir haben gar keine andere Wahl!**

Auch die Erwachsenen müssen das begreifen. Sie müssen einsehen, dass sie

* Faustregel:

4 Tonnen $CO_2$ = 4 Grad Temperaturanstieg

2 Tonnen $CO_2$ = 2 Grad Temperaturanstieg

sich an Regeln halten müssen, genauso wie wir Kinder Regeln haben, an die wir uns halten müssen. Wir alle, ob groß oder klein, ob aus Afrika, Europa oder Amerika, brauchen ein Gesetz, das sicherstellt, dass möglichst keiner von uns für mehr als 2 Tonnen $CO_2$-Ausstoß pro Jahr verantwortlich ist.

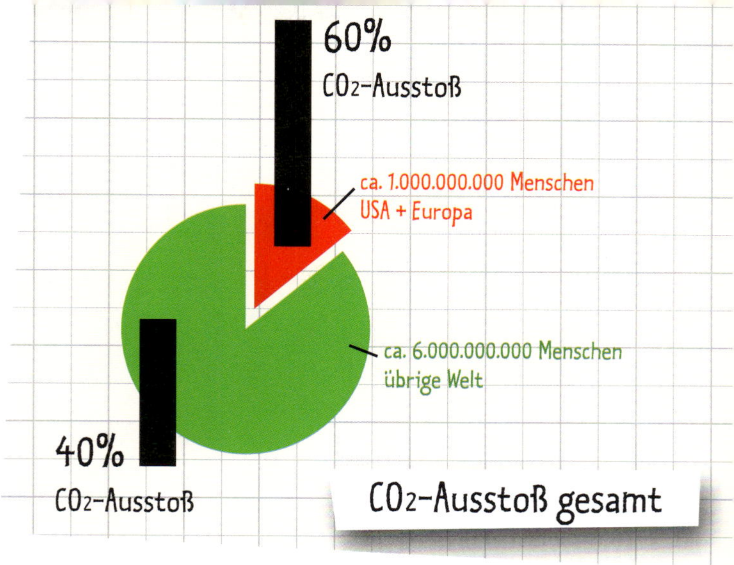


Und was ist, wenn wir trotzdem über diese Grenze hinausgehen? Dann müssen wir dafür bezahlen! Wenn wir mehr $CO_2$ produzieren, als uns zusteht, müssen wir von Ländern, die ihre $CO_2$-Quote nicht ausnutzen, „Verschmutzungsrechte" kaufen: Weil ein Afrikaner sein Recht auf 2 Tonnen $CO_2$-Ausstoß nicht nutzt, sondern nur eine halbe Tonne $CO_2$ pro Jahr „verbraucht", kann er die ungenutzten 1,5 Tonnen an Leute verkaufen, die mit ihrer erlaubten Kohlendioxid-Menge nicht auskommen. Das Geld, das die Afrikaner für die ungenutzte $CO_2$-Menge bekommen, könnten sie für moderne umweltschonende Technologien einsetzen, sie könnten Schulen und Krankenhäuser damit bauen, Ärzte und Lehrer ausbilden, und ihre Kinder müssten nicht mehr hungern. Wir Kinder nennen das Klimagerechtigkeit.

Dieser $CO_2$-Handel würde auch unsere Gewohnheiten verändern. Wenn $CO_2$ nämlich Geld kostet und wir für jedes Produkt eine $CO_2$-Steuer zahlen müssen, werden $CO_2$-intensive Produkte wesentlich teurer als klimaschonend hergestellte Produkte. Dann achten wir vielleicht ein bisschen mehr darauf, was wir kaufen und wie wir leben. Trauben aus Südafrika zum Beispiel oder Äpfel aus Chile, die mit viel $CO_2$-Ausstoß um die halbe Welt transportiert worden sind, wären dann besonders teuer. Autos, die viel Sprit verbrauchen und ganze Wolken von $CO_2$ „ausatmen", bekämen auf den Verkaufspreis noch eine besonders hohe $CO_2$-Steuer aufgebrummt. Und die Menschen würden vielleicht wieder mehr mit dem Zug fahren, denn der Preis einer Flugreise samt seiner gewaltigen $CO_2$-Steuer würde zeigen, was wir von Flügen zu halten haben: Sie kommen uns teuer zu stehen.

Seit dem Weltklimagipfel* 2005 gibt es zumindest in Europa schon mal einen ersten Ansatz, um Klimagerechtigkeit durchzusetzen: den sogenannten „Emissionshandel". Mit „Emission" ist übrigens normalerweise so ziemlich alles gemeint, was an die Umwelt abgegeben wird; beim Emissionshandel geht es aber natürlich hauptsächlich um die schädlichen Treibhausgase (vor allem um $CO_2$).

* Der Weltklimagipfel der UN finden übrigens jedes Jahr statt - immer in einer anderen Stadt auf der Welt.

# Emissionshandel: das Einfache, das schwer zu machen ist

**„Ja kann denn so was klappen …? Handel mit Erlaubnisscheinen für Verschmutzungsrechte?“ So lautet die häufigste unter den skeptischen Fragen, wenn wir von diesem Instrument zur Entlastung der Atmosphäre reden.**

Emissionshandel funktioniert im Grunde wie die „Reise nach Jerusalem“.

Wir glauben: Ja, das kann klappen! Aber natürlich nur, wenn die Idee, die dahintersteckt, auch wirklich umgesetzt wird …

Der Plan sieht jedenfalls so aus: Jeder EU-Staat verteilt nach einem sogenannten „Zuteilungsplan“ an alle Kraftwerksbetreiber und an die stromintensiven Unternehmen eine festgelegte Menge an „Verschmutzungs-Erlaubnisscheinen“*: Der Besitzer dieser Scheine darf also soundso viele klimaschädliche Gase in einem bestimmten Zeitraum ausstoßen.

* Die Erwachsenen nennen das dann „Emissionszertifikate“.

Jetzt kommt aber der Witz an der Sache: Damit der Plan funktioniert – das heißt, damit im Endeffekt weniger Treibhausgase rausgepustet werden als bisher –, muss Knappheit herrschen. Das bedeutet, es muss von denen, die die Scheine ausstellen, darauf geachtet werden, dass insgesamt weniger erlaubte „Schmutzmengen“ bescheinigt werden, als bisher für die Energieproduktion nötig waren. Es ist ein wenig so wie bei der „Reise nach Jerusalem“: Das Spiel funktioniert nur, wenn zu wenig Stühle da sind und diese Knappheit die Stühlesucher auf Trab bringt.

Wer also nicht genug Scheine hat, muss welche dazukaufen. Weil aber die Scheine eine „knappe Ware“ sind, ist der Erwerb teuer. Das funktioniert wie auf jedem Markt: Wenn beispielsweise besonders süße frische Himbeeren angeboten werden, die im Nu stark nachge-

*Joy [12, Krefeld]*

Also, das erste Mal, als ich von der Idee gehört habe, dass alle Menschen auf dieser Welt dasselbe „Verschmutzungsrecht“ haben sollten, habe ich ehrlich gesagt gedacht: Die spinnen wohl! Wir verschmutzen die Welt doch eh schon viel zu viel – was soll dann erst passieren, wenn wir allen Menschen und Ländern dasselbe Recht dazu geben?! Dann werden die doch die Umwelt erst recht mehr verschmutzen – so wie zum Beispiel zurzeit in China! Dann kommt ja noch dazu: Wenn wir 50 Jahre alt sind, sind wir 2 Milliarden Menschen mehr als heute, und auch die anderen (Chinesen, Inder, Südamerikaner, Afrikaner, usw.) wollen ja eigentlich genauso gut leben wie wir hier …
Als ich dann aber mehr über die Idee der Klimagerechtigkeit erfahren habe – nämlich, dass es dabei darum geht, die Verschmutzungsrechte insgesamt zu verkleinern und nur diese begrenzte Verschmutzungsrechts-Menge zu verteilen –, war ich total begeistert!

fragt werden, dann kann der Verkäufer auch die Preise erhöhen.

Verteuerung auf dem „Verschmutzungs-Erlaubnisschein-Markt“ hat Auswirkungen: Schnell kommt es dazu, dass es für Energieproduzenten und andere Unternehmen billiger wird, die Produktion künftig (klimaschadstoff-)sauberer zu gestalten, als immer wieder Verschmutzungsrechte dazukaufen zu müssen. Wer in Sauberkeit investiert und auf diese Weise weniger „klima-sündigt“, kann seine Verschmutzungsrechte verkaufen. Er braucht sie ja jetzt nicht mehr.

So weit, so gut … oder doch nicht gut?

Wie so oft, wenn Erwachsene etwas anpacken, ist diese tolle Idee bisher leider nicht richtig umgesetzt worden: Es wurden einfach zu viele Verschmutzungs-Erlaubnisscheine verteilt (für die die Erwerber noch nicht einmal etwas bezahlen mussten!), und das noch dazu teilweise an Kraftwerksbetreiber und Unternehmen, die unsere Umwelt besonders stark verschmutzen …
Das heißt, es gab (noch) viel zu wenig Anreiz, sauberer zu produzieren.

So kann das natürlich
nicht funktionieren!

Eines steht fest: Wir brauchen einen echten, fairen und verbindlichen Weltvertrag, der dann auch wirklich umgesetzt wird!

Um hier entscheidend voranzukommen, muss es aber zum Beispiel auch gelingen, die weltweit verbreitete Korruption zu besiegen.

Aber auch wenn es schwer ist:
Wir sollten diese Chance unbedingt nutzen!

*Franziska* [13, Pähl]
Ich muss zugeben, es hat ein bisschen gedauert, bis ich den Emissionshandel verstanden habe, aber es ist ganz einfach: Die Wissenschaftler prognostizieren uns für jedes Jahr die Menge $CO_2$, die die Natur (Bäume, Meere, usw.) zusätzlich verkraften kann, also z. B. 20 Milliarden Tonnen $CO_2$. Das dividieren wir durch die Anzahl der Menschen – sagen wir mal, weil's leichter zu rechnen ist: 10 Milliarden. Das ergibt 2 Tonnen pro Kopf. Wer mehr verbrauchen möchte, kauft an der Börse $CO_2$-Rechte nach. Wenn viele mehr $CO_2$ möchten, steigt der Preis so lange, bis es für sie billiger wird, in Technik zu investieren, die kein $CO_2$ produziert. Wichtig ist ja für uns Kinder nur, dass niemals mehr als diese 20 Milliarden Tonnen $CO_2$ im Jahr in die Atmosphäre gelangen.
Wenn jedes Kind, egal wo auf der Welt, mit seiner Geburt 2 Tonnen $CO_2$-Rechte bekommt, bräuchten wir auch keine Entwicklungshilfe mehr. Klimagerechtigkeit ist kinderleicht.
Dafür wollen wir Kinder uns bei den nächsten Klimagipfeln einsetzen.

# Was Bäume gegen die Klimakrise tun

**Die allermeisten Menschen wissen, dass Bäume gut für das Klima sind: für das Weltklima, aber auch für das sogenannte Kleinklima, also für die unmittelbare Umgebung. Warum das so ist, und warum wir deshalb Bäume pflanzen, lässt sich allerdings nicht mit ein paar Worten erklären.**

Hintergrundwissen ist wichtig!

Wir Kinder bei Plant-for-the-Planet haben gelernt, dass man eine Sache genau verstanden haben muss, auch und gerade dann, wenn man sie bei Rückfragen nur kurz erklären kann – sei es zum Beispiel bei Vorträgen oder beim Sammeln von Baumspenden. Man braucht immer Hintergrundwissen, sodass man auf die Fragen der anderen reagieren kann, denn sonst ist man wackelig auf den Beinen, wenn man seine Sache vertritt. Darum erklären wir die Zusammenhänge hier etwas ausführlicher.



Die tropischen Wälder sind die Lunge unserer Erde.

Wald kann, wie wir wissen, Kohlendioxid speichern. Allerdings ist Wald nicht gleich Wald, so wenig wie Baum gleich Baum ist. Tropische Wälder wachsen viel schneller als unsere mitteleuropäischen. Deshalb ist dort auch mehr $CO_2$ gespeichert als beispielsweise bei uns. Und deshalb ist der Verlust tropischer Regenwälder auch besonders schlimm für das Weltklima.

Aus diesem Grund werden mit unseren Baumspenden Bäume in Ländern des Südens – in Afrika, in Süd- und Mittelamerika und in Asien – gepflanzt. Sie helfen auch gegen die Ausbreitung von

Wüsten, indem sie Stück für Stück Land „zurückerobern" und gleichzeitig dafür sorgen, dass der Grundwasserspiegel wieder steigt. Wo das gelingt, hat die Bevölkerung wieder Wasser in den Bächen und Brunnen.

Aber deshalb dürfen wir die Leistung der Wälder bei uns hier auf der nördlichen Halbkugel noch lange nicht unterschätzen. Diese Wälder sorgen mit ihrem Wachstum nämlich dafür, dass die Atmosphäre immerhin ein Drittel weniger $CO_2$-Last zu tragen hat, als das ohne sie der Fall wäre.

Wie funktioniert diese Entlastung? Alle Pflanzen können mit ihren Blättern oder Nadeln $CO_2$ aus der Luft entnehmen, dieses Gas in Sauerstoff und Kohlenstoff aufsplitten und dann den Kohlenstoff – chemisch umgebaut im Holz, in Stängeln und Blättern – ablegen. Damit das funktioniert, müssen in Blättern und Nadeln komplizierte chemische Prozesse ablaufen. Um die genau zu verstehen, muss man wahrscheinlich erst einen Bio-Leistungskurs durchlaufen haben oder Botanik studieren.

Wichtig ist für uns das Ergebnis: Pflanzen können (über die sogenannte Fotosynthese) Kohlendioxid so umwandeln, dass aus dem Gas etwas Festes wird, ein Etwas, das zum Beispiel der wichtigste Bestandteil von Holz ist. Und solange dieses Holz nicht verbrannt wird oder verrottet, bleibt das Treibhausgas gebunden: Das heißt, es steckt (unschädlich für die Atmosphäre) in Stamm, Zweigen und Wurzeln.

Dazu zwei Beispiele: Eine 35 Meter hohe Fichte mit einem Stammdurchmesser von 50 Zentimetern speichert ungefähr 0,7 Tonnen Kohlenstoff. Das entspricht 2,6 Tonnen $CO_2$, die der Atmosphäre entzogen wurden.

Jeder einzelne Baum speichert $CO_2$!

Buchen haben festeres Holz. Darum „leisten" sie als „Klimaschützer" auch mehr. Sie brauchen mehr $CO_2$, um ihren festeren Stamm aufzubauen. Eine 35 Meter hohe Buche mit einem Durchmesser von 50 Zentimetern speichert sogar rund 0,95 Tonnen Kohlenstoff. Das entspricht 3,5 Tonnen $CO_2$, die der Atmosphäre entzogen wurden.

Auf ungefähr einem Drittel der Fläche Deutschlands steht Wald – und hier sind (wenn man von Kohlenstoff auf $CO_2$ umrechnet) in etwa 4,4 Milliarden Tonnen $CO_2$ gespeichert – eine fast unvorstellbar große Menge!



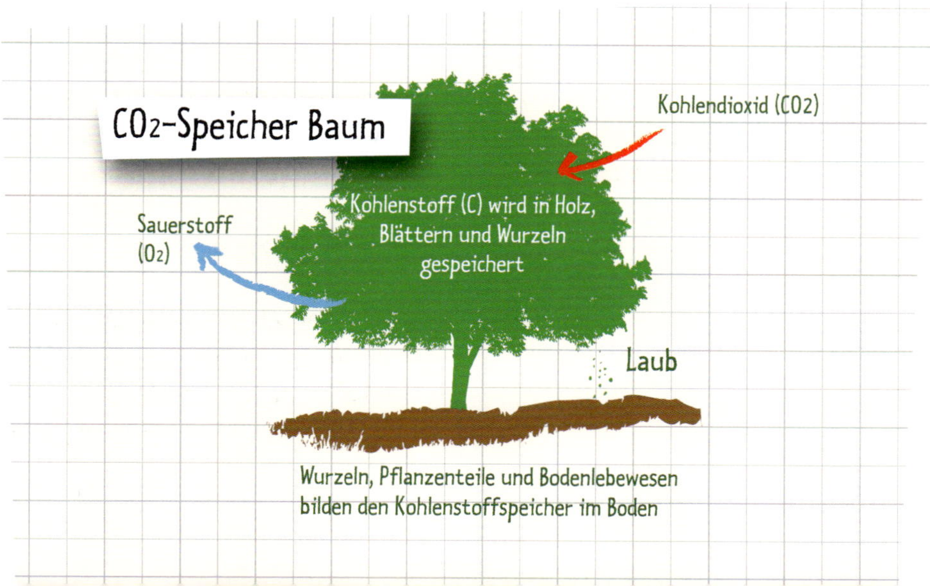

Aber Bäume und Wälder sind nicht nur enge Verbündete im Kampf gegen globale Erwärmung. Sie leisten auch in unserer unmittelbaren Nähe Unglaubliches – und das spüren wir sogar ohne Messgeräte. Bleiben wir noch einen Moment bei unserer Buche. Sie entzieht an einem sonnigen Sommertag über ihre Blätter der Umgebungsluft ungefähr 9.400 Liter* $CO_2$ und gibt gleichzeitig 9.400 Liter Sauerstoff ($O_2$) ab.

* Achtung: 9.400 Liter Gas sind nicht gleich 9.400 Liter Flüssigkeit! 1 Liter $CO_2$ wiegt nur 1,96 Gramm, aber das sind dann pro Tag immerhin auch über 18 Kilogramm!

Wer meint, das sei nicht allzu viel, sollte sich erst einmal Folgendes vorstellen: Um auf ihre Tagesleistung von 9.400 Liter $CO_2$ zu kommen, befreit die Buche 24.737 Kubikmeter Luft von $CO_2$. Das ist ungefähr so viel Luft, wie in 7 riesige Heißluftballons reingeht! Ist das nicht eine wahrhaft gigantische Leistung?

Aber das ist noch nicht alles. Während so eines sommerlichen „Arbeitstages" zieht eine Buche um die 6.000 Liter Wasser aus dem Boden – das entspricht etwa 40 randvollen Badewannen. Von dieser beeindruckenden Wassermenge braucht die Buche aber nur 0,1 Prozent, also 6 Liter, direkt für ihre „Arbeit" (die Fotosynthese). Die verbleibenden 99,9 Prozent werden als Wasserdampf „ausgeatmet". Und dieses Ausatmen kühlt die Umgebung spürbar ab. Gleichzeitig steigt die Luftfeuchtigkeit. Beides zusammen ergibt – besonders angenehm an heißen Tagen – das feuchtkühle Waldklima.

In Städten, die sich bekanntlich wegen ihrer vielen Steinhäuser und Straßen besonders stark aufheizen, können viele Straßenbäume und viele kleine Parks die Luft und das „Stadtklima" entscheidend angenehmer machen.

Und noch etwas: Bäume können Staub und Feinstaub* – von dem in Städten besonders viel in der Luft liegt – bis zu 80 Prozent aus der Luft herausfiltern. Wer also im Stadtgebiet Bäume für Parkplätze fällt, startet einen Angriff auf die Lungen von Stadtbewohnern.

* Feinstaub besteht aus mikroskopisch kleinen Teilchen, die so winzig sind, dass sie tief in unser Lungengewebe eindringen und dort Schaden anrichten können.

Wenn wir also gefragt werden, ob unsere Baumpflanzaktionen überhaupt sinnvoll sind, können wir sagen: Ja, und zwar im Großen wie im Kleinen. Bäume können sich Stamm für Stamm gegen

den Klimawandel stemmen: indem sie das Treibhausgas $CO_2$ aus der Luft ziehen und in ihren Pflanzenkörpern ablegen.

Und sie können die Atemluft Tag für Tag verbessern – etwas, das ganz besonders in Städten eine Wohltat ist.

Mit unseren Pflanzaktionen bringen wir aber nicht nur neue Bäume in den Boden. Wir wollen vor allem den Blick anderer Kinder und Jugendlicher früh auf das Thema Klimakrise richten und auf die Möglichkeiten jedes Einzelnen, etwas dagegen zu tun. Unsere Bäume sind also auch Symbole – Symbole für Klimagerechtigkeit. Der UNESCO Pädagoge Gerhard de Haan hat uns Kinder von Plant-for-the-Planet einmal als „Diplomaten in Gummistiefeln" bezeichnet. Im Gegensatz zu vielen Politikern und Diplomaten wollen wir aktiv werden und unser Wissen in die Tat umsetzen.

## Nicht lange reden, sondern Bäume pflanzen!

Wir Kinder pflanzen weltweit Bäume, um unsere Zukunft zu retten.

# 3. Was wir tun können

**Was jeder tun kann …**
Oder: Klimaschutz zu Hause 52

**Über das Selbermachen …**
Oder: Über Schule und über Schule fürs Leben 58

**Baum für Baum …**
Oder: Die große Pflanzparty 66

**Bäume für den Süden …**
Oder: 10 Euro = 10 Bäume 74

**Unser Planet braucht Botschafter für Klimagerechtigkeit …**
Oder: Die Plant-for-the-Planet Akademien 84

# Was jeder tun kann …

## Oder: Klimaschutz zu Hause

Wenn wir darüber nachdenken, was ein einzelner Mensch tun kann, um die Wucht der Klimakrise noch zu mildern, dann entsteht leicht ein flaues Gefühl … ein Gefühl der Hilflosigkeit: „Ja, was soll es denn groß nützen, wenn ich …"

**Es gibt darauf nur eine gute, sinnvolle Antwort: Auch etwas Riesengroßes besteht aus vielen kleinen Teilen, und viele richtige, kleine Taten können einen „positiven Sog" hervorrufen. Gute Beispiele sind nämlich mächtig ansteckend!**

Es lohnt sich also, mal ein paar „Selbstverständlichkeiten" aus unserem alltäglichen Leben etwas genauer unter die Lupe zu nehmen.

## Was ist zum Beispiel verkehrt am Verkehr?

Auf wie viele Stunden Radiosendezeit man wohl kommen würde, wenn man alle Staumeldungen und Berichte über Verkehrsunfälle zusammenzählen würde? Manchmal fragt man sich, ob Autos das Leben tatsächlich leichter machen – vor allem, wenn man bedenkt, welche Abgasmengen sie von sich geben. Klar, wer nicht in der Stadt wohnt, wird kaum ohne Auto zurechtkommen, aber muss wirklich jeder Kilometer auf vier Rädern zurückgelegt werden?

Wir wollen bestimmt niemandem ein schlechtes Gewissen einreden, nur weil er ein Auto hat und es auch benutzt. Uns geht's nur um die gigantisch große Menge an Fahrten, die sich leicht einsparen lassen. „Mit dem Fahrrad bin ich viel zu langsam", bekommen wir oft zu hören. Dabei stimmt das zumindest in Städten überhaupt nicht. Die Stadt München zum Beispiel hat ein Radwegenetz von insgesamt 1.200 Kilometer Länge! Während sich die Autofahrer noch von einer Ampel zur anderen quälen, ist der Radler oft längst am Ziel.

„Die paar Kilometer Radeln bringen doch für den Klimaschutz nichts“, sagen andere. Aber wer behauptet denn, dass es bei ein paar Kilometern bleiben muss? Wenn ich mich die 6 Kilometer zum Musikunterricht oder zum Sport nicht von meiner Mutter mit dem Auto bringen und abholen lasse (das wären dann nämlich schon 24 Kilometer!), sondern mit dem Fahrrad fahre, habe ich schon an 3.360 Gramm $CO_2$ eingespart! Und wenn ich das 30 Wochen im Jahr mache (also abzüglich Ferienzeiten; auch Wolkenbruch-, Schnee- und Hageltage verkneifen wir uns mal), kommt im Schnitt schon die stattliche Summe von 100 Kilogramm $CO_2$ zusammen!

Und wie sieht's im Urlaub aus? Nur mal so zum Grübeln: Ein Flug von München nach Palma de Mallorca und zurück schlägt ungefähr mit 680 Kilogramm $CO_2$ pro Person zu Buche. Ganz schön happig, oder? Das heißt ja nicht, dass wir nie wieder fliegen dürfen – aber müssen wir denn jedes Jahr in die Luft gehen?

## Energieschlucker im Haus

Wenn wir anderen erzählen, dass bei uns zu Hause seit Langem nur noch Energiesparlampen brennen, werden wir oft mitleidig belächelt: Ob wir denn nicht wüssten, dass Beleuchtung im Vergleich mit anderen Stromverbrauchern nur ein kleiner Stromschlucker ist? Klar wissen wir das, aber wir wissen auch, dass viele Kleinigkeiten zusammengenommen eine ganze Menge ergeben. Warum

*Jule [13, Bremen] und Merle [13, Bremen]*

Als wir gefragt wurden, was wir zu Hause für den Klimaschutz tun, ist uns erst mal gar nichts Besonderes dazu eingefallen! Das liegt aber wahrscheinlich einfach daran, dass der Klimaschutz für uns Kinder von Plant-for-the-Planet inzwischen ganz selbstverständlich geworden ist: Wir schalten zum Beispiel „ganz automatisch“ die Heizung runter und das Licht, den Computer und die anderen elektrischen Geräte aus, wenn wir sie nicht brauchen oder den Raum verlassen. Das Auto lassen wir meistens stehen und fahren lieber öfter mit dem Zug, im Sommer fahren wir Fahrrad. Wir duschen nicht zu lang und verschwenden auch sonst möglichst wenig Wasser. Wir sparen Energie, wo immer es geht. Jule ist sowieso Vegetarierin und Merle isst wenig Fleisch. Wir betreiben Mülltrennung und -vermeidung … Und wir pflanzen Bäume!

sonst hätte die EU beschlossen, dass herkömmliche Glühbirnen ab 2012 nicht mehr verkauft werden dürfen? Wir sind sogar dafür, dass die umweltfreundlichen Energiesparlampen noch früher und schneller eingeführt werden. Denn jede Kilowattstunde, die wir nicht verbrauchen, spart durchschnittlich 616 Gramm $CO_2$! Jeder Tag, den die Einsparungen früher greifen, zählt.

Klimaschutz im Kühlschrank

Ziemlich viel Energie verbrauchen Kühl- und Gefriergeräte – besonders dann, wenn sie am falschen Platz stehen und unüberlegt genutzt werden. Kühlschrank neben dem Herd? Ganz schlecht! Das Gerät muss ja ständig gegen die Herdwärme ankühlen. Warme Essensreste in den Kühlschrank stellen? Noch schlechter! Denn dann kühlt das Gerät so lange, bis der plötzliche Temperaturanstieg wieder abgefangen ist. Kühlschrank im ungeheizten Vorratsraum? Super! Und hier noch ein ganz einfacher Energiespartrick: Wer seine Kühlschranktemperatur auf 7 statt auf 5 °C einstellt, spart immerhin an die 15 Prozent Energie!

Klimaschutz im Kochtopf

Auch am anderen Ende der Temperaturskala, beim Kochen, lässt sich eine Menge Energie einsparen. Manchmal ist es so einfach: Deckel drauf! Wer mit Deckel kocht, senkt den Energieverbrauch nämlich auf etwa ein Drittel. Wer mit einem Schnellkochtopf statt mit einem Normaltopf kocht, kann noch mal 40 Prozent Energie einsparen. Für den Backofen gilt das Gleiche: Tür zu! Denn jedes Mal, wenn die Backofentür geöffnet wird, gehen etwa 20 Prozent der Wärme flöten.

Noch ein Tipp für Teetrinker: Wer 1 Liter Wasser im Wasserkocher erhitzt statt im Teekessel auf der Herdplatte, spart etwa 32 Gramm $CO_2$. Das läppert sich!

Klimaschutz im Mülleimer

Eine gewaltige Wolke $CO_2$ lässt sich im Haushalt einsparen, wenn wir weniger Abfall verursachen. Jedes Kilo Abfall bedeutet nämlich nicht nur bares Geld, sondern im Schnitt auch noch 320 Gramm $CO_2$. Müll vermeiden ist also direkter Klimaschutz! Am besten ist es natürlich, wenn erst gar kein Müll entsteht. Eine Mehrwegflasche aus Glas beispielsweise kann rund 50 Mal wiederverwendet werden, eine PET-Mehrwegflasche immerhin bis zu 25 Mal, bevor sie endgültig weggeworfen werden. In den Müll? Nein, natürlich in die Wertstofftonne. Wenn wir Müll trennen, wird aus Abfall wieder wertvoller Rohstoff und die Restmüllmenge schrumpft auf ein lächerlich kleines Häufchen.



Klimaschutz im Haus

Am meisten Energie lässt sich im Haushalt sparen, wenn ein Haus klimafreundlich „eingepackt" wird. Doch dieses Kapitel ist so umfangreich, dass es dieses Buch sprengen würde. Zum Glück gibt's jede Menge Beratungsstellen, die einem vom Isolierfenster bis zum Dämm-Material bis ins Kleinste sagen können, wo man ansetzen sollte, um sein Haus klimafreundlich nachzurüsten.

# Den Stromanbieter wechseln?

Frustrierend, aber wahr: Die großen Energiekonzerne sind ziemlich hartnäckig, wenn es darum geht, von unverantwortlichen Technologien wie Kohle- und Atomkraftwerken abzulassen. Und von unseren Argumenten lassen sie sich leider überhaupt nicht beeindrucken. Aber sie alle verstehen eine Sprache sehr gut: die Sprache des Geldes. Wenn sie ihre Kunden zu verlieren drohen, müssen sie zuhören, ob sie wollen oder nicht! Deshalb wäre es wirklich toll, wenn möglichst viele von uns zu Energieanbietern wechseln, die klima- und umweltfreundlich wirtschaften. Der Wechsel ist ganz einfach!

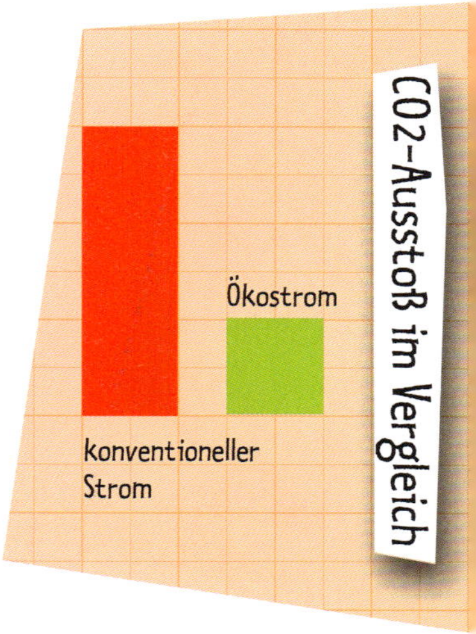


Das Wechseln zum Ökostromanbieter ist nicht nur eine politische Aktion, es ist außerdem ein direkter Beitrag zum Klimaschutz. Beim Erzeugen von Ökostrom wird nämlich höchstens ein Drittel der $CO_2$-Menge frei, die bei der Erzeugung von konventionellem Strom in die Atmosphäre gelangt. Wenn eine vierköpfige Familie ein Jahr lang Ökostrom statt konventionell erzeugten Strom bezieht, spart sie immerhin ungefähr 3.265 Kilogramm $CO_2$ ein!

# Wie viel $CO_2$ geht über meinen Teller?

Man kann kalorienarm essen, man kann biologisch einwandfrei essen … und vor allem kann man klimafreundlich essen! Wie das geht?



Klimaschutz auf dem Teller

**Ein paar Beispiele:** 500 Gramm Erdbeeren aus Deutschland verursachen (in der Erdbeerzeit von Mai bis Juli) 80 Gramm weniger $CO_2$ als die gleiche Menge Erdbeeren, die aus Italien angekarrt wird. Im Vergleich mit Erdbeeren aus Südafrika stehen die deutschen Erdbeeren sogar um 6 Kilogramm $CO_2$ günstiger da. 500 Gramm Biobutter sparen gegenüber herkömmlicher Butter 425 Gramm an $CO_2$ ein. 1 Kilogramm Ökobrot verursacht 1,1 Kilogramm $CO_2$ weniger als die gleiche Menge konventionelles Brot.

Klimaschutz im Einkaufskorb

Was heißt das für uns? Wir sollten wann immer möglich Lebensmittel einkaufen, die eine gute „$CO_2$-Bilanz“ haben, die nicht energieaufwendig hergestellt und über lange Strecken herbeitransportiert werden müssen. Am einfachsten ist es, wenn wir Waren einkaufen, die in der Nähe hergestellt oder angebaut wurden. „Regional“ einkaufen, wird das genannt.

Lebensmittelmärkte – auch die ganz konventionellen – reagieren ziemlich sicher auf Kundenwünsche: Wenn beispielsweise die Abteilungsleiter in der Obst- und Gemüseabteilung merken, dass sich Käufer sehr dafür interessieren, wie viel Reisekilometer an welchen Produkten „kleben“, werden sie reagieren. Sie reagieren übrigens nicht deshalb, weil sie plötzlich ein Ohr für ökologische Argumente haben, sie reagieren, weil sie eine bestimmte Sorte von Kunden gewinnen wollen. Aber das kann uns ja egal sein – Hauptsache, klimafreundlichere Produkte gewinnen an Boden beziehungsweise an Verkaufsfläche.

Manchmal allerdings liegen die Dinge etwas komplizierter, als man es sich auf den ersten Blick klarmachen kann. Wie klimafreundlich Obst und Gemüse sind, hängt nämlich vor allem auch davon ab, ob sie jeweils in ihrer günstigsten Jahreszeit geerntet werden – lest dazu einfach auch mal weiter unten „Die Sache mit den Äpfeln“.

Wichtiger noch als alle geradelten Kilometer, gekauften Bioäpfel und recycelten Weißblechdosen ist etwas anderes: Der verantwortliche, sparsame, nachhaltige Umgang mit Energie muss so selbstverständlich werden wie – sagen wir mal –

## Die Sache mit den Äpfeln

Ein Apfel aus Deutschland ist nicht immer und automatisch klimafreundlicher als ein Apfel aus Chile oder Neuseeland. Das liegt daran, dass die monatelange Lagerung deutscher Äpfel im Kühlhaus viel Energie verschlingt und damit für viel $CO_2$ verantwortlich ist. Klimafreundlicher sind heimische Äpfel deshalb nur in der Zeit von ihrer Ernte im September bis in den Mai. Ab Juni bis zur neuen Ernte im September dagegen stehen die neuseeländischen Äpfel in punkto Klima besser da, obwohl sie um die halbe Welt geschippert worden sind.
Auf jeden Fall ist es immer besser, Obst zu nehmen, das frisch geerntet und angeboten wird – ohne große Warteschleifen im Kühlhaus und ohne Zigtausend Transportkilometer.

Nur mal so zum Vergleich: Ein Kilo Obst oder Gemüse aus der Region verursacht im Schnitt 230 Gramm $CO_2$; kommt das Obst aus einem europäischen Land, sind es durchschnittlich 460 Gramm $CO_2$; wird es per Schiff aus Übersee hertransportiert, kommen wir schon auf 570 Gramm $CO_2$; und der Transport per Flugzeug schlägt mit 11.000 Gramm $CO_2$ pro Kilo Ware zu Buche!

Müssen wir also unbedingt Erdbeeren im Winter essen?

die Antwort auf die Frage: „Darf man stehlen?" Jeder weiß die Antwort, ohne groß nachzudenken. Sie sitzt einfach in uns drin – nicht nur in unserem Kopf, sondern auch im Herzen.

Wenn ein umweltschonendes Verhalten erst einmal fest in uns drinsitzt – das heißt, wenn es ganz von selbst abläuft –, ist schon unheimlich viel gewonnen. Wenn dagegen auch künftig immer noch jedes Mal neu begründet werden muss, warum Verschwendung eigentlich indiskutabel ist, dann verlieren wir auch noch den Rest an Zeit, der uns zum Umsteuern bleibt.

**Darum: Mut zu kleinen Schritten! Mut vor allem auch deshalb, weil immer mehr Menschen mitziehen werden!**

## Immer wieder Donnerstag …

Jeder weiß es … nein, jeder könnte es wissen: Sich vegetarisch zu ernähren, bedeutet keineswegs, auf Essgenuss zu verzichten. Und ein gutes Gewissen bekommt man sozusagen als Nachgeschmack: Wer viel und dazu auch noch konventionelles Fleisch isst, verursacht fast das Doppelte an $CO_2$ pro Kopf und Jahr wie jemand, der sich weitgehend vegetarisch und biologisch ernährt!

In der belgischen Universitätsstadt Gent läuft schon seit vielen Monaten ein tolles Experiment; wir zitieren hier einfach mal aus einem Artikel der *taz* vom 5.12.2009:

„Jeder Donnerstag ist in der belgischen Stadt Gent ein fleischloser Tag. So haben es die Stadtverordneten beschlossen – und so setzen es die Köche in den öffentlichen Kantinen und Schulmensen um. Auch in Restaurants soll zumindest ein vegetarisches Gericht auf der Speisekarte stehen. Die Idee stammt von der Ethischen Vegetariervereinigung Flandern (EVA), die den Stadtpolitikern den Veggietag Ende des vergangenen Jahres schmackhaft zu machen versuchte. Fast zeitgleich kam der Vorsitzende des Internationalen Klimarats, Rajendra Pachauri, nach Gent und berichtete, dass die weltweite Fleischproduktion für 18 Prozent der klimaschädlichen Gase verantwortlich sei. Der einfachste Beitrag zum Klimaschutz sei Fleischverzicht."

Was in Belgien funktioniert, sollte doch eigentlich auch in Deutschland und in vielen anderen Ländern funktionieren! Wir machen jedenfalls bei **www.donnerstag-veggietag.de** mit.

Und jeder Einzelne kann sich selbst an der Nase packen und sich mal fragen, ob es denn unbedingt nötig ist, so viel Fleisch zu essen …

# Über das Selbermachen …

## Oder: Über Schule und über Schule fürs Leben

Felix' Vortrag in seiner Schule – der *Munich International School* in Percha bei Starnberg – war der Anfang von Plant-for-the-Planet. Wichtig oder vielleicht sogar noch wichtiger als der Vortrag selbst war noch etwas anderes: die Reaktion darauf. Auch die Reaktionen seiner Lehrerin Tonianne Phillips und der Direktorin Mary Seppala. Ohne diese Ermutigung wäre Plant-for-the-Planet vielleicht gar nicht auf die Beine gekommen. Wenn an Felix' Schule nicht gleich eine so große Bereitschaft dagewesen wäre, seinen Plan vom Bäumepflanzen begeistert anzupacken, dann wäre die Idee vielleicht stecken geblieben.

Vielen von uns Kindern ist es zum Glück wie Felix gegangen: Wir haben von vorneherein Unterstützung von unseren Mitschülern und Lehrern bekommen. Die Rolle der Schulen ist nämlich ungeheuer wichtig.

Wir wollen nicht in Watte gepackt werden!

Von vielen Erwachsenen bekommen wir aber oft zuerst mal Bedenken statt Zuspruch: „Ist ja ganz schön, wenn Kinder Verantwortung übernehmen und sich engagieren, aber warum plagt ihr euch mit solchen Problemen herum? Kinder sollen doch ihre Freiheit genießen und es lieber den Erwachsenen überlassen, sich die Köpfe zu zerbrechen. Der Ernst des Lebens kommt ja noch früh genug. Die Schule bringt doch schon genug Stress, da müsst ihr euch doch nicht noch zusätzlich die Probleme der Welt aufpacken. Nicht auch noch so schwere Dinge wie Klimakrise, kommende Hungersnöte und was es da sonst noch alles gibt …"



Jeder von uns hat das so oder so ähnlich schon mal gehört.

Was viele Erwachsene nicht kapieren, wenn sie meinen, das sei alles zu schwer für uns: Viel schwerer und härter als die Wirklichkeit und die Bedrohungen der Zukunft ist es, wenn man das alles liest oder im Fernsehen mitkriegt – und dann auch noch zu hören bekommt, dass man dagegen nichts tun kann, weil ja eh alles zu spät ist. Die meisten Erwachsenen sehen das ja nur aus ihrer Perspektive. Für sie bedeutet Zukunft 20, 30 oder 40 Jahre, für uns 70, 80 oder sogar 90 Jahre. Wir machen das alles, weil auch wir eine positive Zukunft haben wollen.

Wer es erlebt hat, weiß: Es gibt nichts Tolleres, als zusammen mit anderen, die genauso denken, etwas zu bewegen. Das gibt viel mehr Mut und Kraft!

Wir wollen Unterstützung!

Und von wegen Frust und Überlastung: Da können wir die Erwachsenen beruhigen. Sich für die eigene Zukunft einzusetzen, macht nicht nur Sinn, sondern auch Spaß!

Schule kann wirklich eine Riesenhilfe für uns Kinder sein – wenn die Schulen uns nur mehr Möglichkeiten geben würden, Projekte selbstbestimmt und selbstverantwortlich zu gestalten.

Max, Szesima und Karoline zum Beispiel gehen auf die Evangelische Gemeinschaftsschule Berlin Zentrum. An ihrer Schule laufen sehr erfolgreiche Plant-for-the-Planet Aktionen.

Aber das ist längst noch nicht alles. An dieser Schule funktionieren Sachen, die an den meisten anderen Schulen wohl für unmöglich gehalten werden. Und alles nur, weil man uns Schülern die Möglichkeit gibt, unsere Ideen umzusetzen. Wir fänden es toll, wenn viele Schulen genauso viel möglich machen würden wie die Gemeinschaftsschule Berlin Zentrum. Als wir von Max, Szesima und Karoline hörten, dass es an ihrer Schule ein Schulfach „Verantwortung" gibt, haben sich einige so etwas Ähnliches wie Gemeinschaftskunde oder Ethik darunter vorgestellt, also: Vorträge darüber, wie der Staat und die Gesellschaft sind und wie sie sein könnten oder sein müssten. Theorie halt. Aber als Max uns erzählt hat, dass es bei diesem Schulfach vor allem ums Selbermachen geht, wurden wir sehr neugierig.

Schulfach „Verantwortung"

Wir haben uns dann entschlossen, ein Interview mit der Schulleiterin Margret Rasfeld zu machen.

*Liebe Frau Rasfeld, was ist denn das Schulfach „Verantwortung"?*

Das Fach „Verantwortung" heißt, kurz gesagt, dass jedes Kind eigenverantwortlich eine Aufgabe im Gemeinwesen übernimmt. Dabei geht es darum, die Persönlichkeitsentwicklung voranzubringen – einfach dadurch, dass man die Schule öffnet und den Schülern die Möglichkeit gibt, mit eigenen Ideen und eigenem Schwung „draußen" etwas zu schaffen. Das muss gar nicht mal im engeren Sinne etwas Soziales sein, aber meistens ergibt es sich dann doch so.

*Was machen die Schüler denn dann konkret?*

Soziales Engagement ist spannend!

Viele gehen in ihre alten Kindergärten und Kindertagesstätten und arbeiten dort mit. Manche haben nur einfach so mitgeholfen, andere haben mit den Kleinen Lehmhütten gebaut oder Pfade angelegt. Wieder andere haben „Forschung" betrieben. Sie haben es fertig bekommen, Versuche aus dem Physik- oder Chemieunterricht so einzurichten, dass sie auch für Vorschulkinder taugen. Vorher mussten sie natürlich im normalen Schulunterricht ausprobieren, ob das auch alles klappt.

Dann gibt es Schüler, die in Seniorenheime gehen, dort mit den Bewohnern Mensch-ärgere-dich-nicht spielen, ihnen vorlesen oder Übungen machen, damit die Finger und Hände beweglich bleiben; Ballspielen ist zum Beispiel eine prima Übung. Oder sie haben Rätselstunden veranstaltet. Besonders engagiert und kompetent sind sie, wenn dort die „Tiertage" stattfinden, wenn Anlieger mit ihren Tieren ins Heim kommen, um die Senioren daran Anteil haben zu lassen.

*Und was lernen die Schüler dabei?*

Die Kinder werden da natürlich auch mit Leben konfrontiert, das sie normalerweise nicht kennen. Auch mit erlöschendem Leben. Ich weiß zum Beispiel von einem Mädchen, das sich ganz bewusst für „Verantwortung" ein Seniorenheim ausgesucht hat. Ich habe dann erfahren, dass es in ihrer Familie einen unbewältigten Todesfall gab. Dieses Mädchen konnte plötzlich ihre Mutter ermutigen, damit umzugehen, was der ganzen Familie offenbar gutgetan hat.



Eine Schülerin, die sich eine Kita als Arbeitsplatz ausgesucht hat, kommt nun auf einmal mit ihrer kleinen Schwester klar, mit der sie sich immer nur gezofft hatte. Sie sagte, jetzt wüsste sie, wie kleine Kinder ticken und was sie brauchen.

*Da hat ja dann auch die Gemeinschaft etwas davon …?*

Handeln für die Gemeinschaft

Ja, natürlich. Eine Gruppe von Schülern hat zum Beispiel eine Spielplatzpatenschaft übernommen. Sie melden, wenn ein Spielgerät schadhaft geworden ist, sie entrosten und streichen die Klettergeräte, sammeln Flaschen, Papier und anderen Müll ein. Und sie haben immer wieder einfache Spiele mitgebracht, die

bei den Spielplatzkindern super angekommen sind. Allmählich hat sich der fast verwaiste Spielplatz wieder belebt.
Andere haben sich zu Museumsführern ausbilden lassen und haben dann Führungen veranstaltet – übrigens nicht nur für Gleichaltrige.
Fasziniert haben mich Siebtklässler, die Senioren Computerunterricht geben. Sie haben ihr Angebot mit Flyern in Arztpraxen bekannt gemacht und dann alles Weitere selbst organisiert. Eigentlich wäre das eine typische Aufgabe für Neuntklässler gewesen. Aber die Siebtklässler haben es sogar geschafft, die Ängste einer alten Dame abzubauen, die meinte, was immer sie am Computer macht, würde das Programm schreddern.
Die Computer-Kids haben sogar ein Bewusstsein für langfristige Qualität entwickelt. Sie schauen sich nämlich unter den jüngeren Schülern die „Bewerber" sehr genau an, die ihre Computerschule übernehmen wollen. Wenn jemand ernsthaft die Nachfolge antreten will, muss er erst mal hospitieren. Das ist doch wunderbar: Es geht ihnen also nicht nur darum, dass sie persönlich ein gutes Bild als Computerlehrer abgeben. Sie wollen unbedingt, dass die gute Sache weiterläuft.

*Lernen fürs Leben also, oder?*

Ja, genau. Manche setzen auch direkt bei ihren eigenen Problemen an, wenn sie sich eine Verantwortungsaufgabe suchen. Ein Mädchen, deren Eltern als geduldete Flüchtlinge in Berlin gelebt haben, hat zum Beispiel bei Pro Asyl mitgearbeitet. Sie ist Albanerin, und weil es bei Pro Asyl niemanden gibt, der Albanisch spricht, hat sie immer wieder als Dolmetscherin ausgeholfen.
Wenn Schüler solche selbst gesuchten Aufgaben übernehmen, bekommen sie dafür pro Woche zwei bis drei Schulstunden erlassen. Das ist ganz deutlich kein Minus, denn in den „Verantwortungs"-Stunden lernen sie mehr, als ihnen normaler Schulunterricht bringen würde. Das ist etwas ganz anderes, als wenn ein Lehrer sagt: „Stellt euch vor, ihr müsstet …" Nein, sie müssen sich nichts vorstellen, sie erfahren das Leben selbst und sie erleben, wie sie eingreifen, mitgestalten, ändern und verbessern können.

*Und wie ist die Schule dann zu Plant-for-the-Planet gekommen?*

Es gab an unserer Schule schon Aktivitäten zum Umweltschutz. Und als ich einen Flyer von Felix Finkbeiner und seiner Initiative in die Hände bekam, habe ich ihn eingeladen, im Rahmen unseres Programms „Menschen mit Botschaft" von seiner Aktion zu erzählen. Felix hat dann im Juli 2008 auf unserer Schulversammlung gesprochen und wir haben spontan beschlossen, dass in Berlin 100.000 Bäume gepflanzt werden sollen. Das ist natürlich eine Riesenzahl, aber als Zweifel aufkam, ob das überhaupt zu schaffen wäre, sagte ein Schüler: „Wir sind Hauptstadt, wir müssen ein Vorbild sein!"

* Mehr zur Ausbildung zum Botschafter für Klimagerechtigkeit erfahrt ihr ab Seite 84.

Ein „Yes we can"-Erlebnis

Wir haben dann Klima-Akademien abgehalten und bis heute 168 Botschafter für Klimagerechtigkeit ausgebildet.* Meistens hält ein Schüler einen Einführungsvortrag. Außerdem laden wir Förster oder Baumschulexperten ein, die uns sagen, welche Bäume wo und wie gepflanzt werden sollten. Die Kinder haben sich übrigens selbst überlegt, wo man am sinnvollsten für den Kauf von Setzlingen sammeln kann. Mit Arztpraxen und Biorestaurants haben sie besonders gute Erfahrungen gemacht. Wichtig bei all dem ist, dass Kinder dieses „Yes we can"-Erlebnis haben. Es ist ein Riesenunterschied, ob man als Lehrer aus Texten herauszuwringen versucht, was Engagement oder was „Lust auf Gestaltung" ist, oder ob man all das wirklich und real geschehen lässt. Der Unterschied ist ungefähr der zwischen einer Kochbuchseite und einem Festmahl.
Wenn ihr noch mehr über die Aktivitäten an unserer Schule wissen wollt, schaut doch einfach mal auf unsere Homepage www.ev-schule-zentrum.de.

*Liebe Frau Rasfeld, wir bedanken uns ganz herzlich für dieses spannende Gespräch!*

Das ist aber nicht das einzige ermutigende Beispiel. Joy hat an ihrer Schule in Neuss am Rhein gemeinsam mit ihrer Freundin Luna etwas ganz Tolles auf die Beine gestellt.

Im September 2009 haben sie das Projekt „Activity: Plant-for-the-Planet" ins Leben gerufen. Ziel dabei: ihren Mitschülern zu zeigen, wie wichtig Klimagerechtigkeit ist und wie die Schüler gemeinsam aktiv werden können.

Sie haben dafür vollkommen selbstständig ein Programm entwickelt, das über mehrere Wochen gelaufen ist. *

Natürlich laufen so tolle Projekte noch nicht an allen Schulen ab. Aber ihr selber könnt das an eurer eigenen Schule ändern! Probiert es einfach – redet mit euren Eltern, mit euren Schulfreunden und euren Lehrern –, und ihr werdet sehen, dass wir alle etwas auf die Beine stellen können. Ihr könntet ja zum Beispiel mit diesem Buch zu eurem Schuldirektor gehen und ihn auffordern, es erst einmal zu lesen. Kurz darauf geht ihr wieder zu ihm und fragt ihn einfach, ob er euch dabei unterstützen will, bei euch auch etwas Größeres auf die Beine zu stellen. Und wenn der Direktor nicht will, dann fragt Lehrer, die ihr mögt – irgendwer hilft immer!

Und nur, weil mal der eine oder andere nicht gleich begeistert ist von unseren Ideen, heißt das ja noch lange nicht, dass man gleich aufgeben muss!

Damit ihr seht, dass es uns auch nicht anders ergeht, erzählen wir euch ein paar von unseren ganz persönlichen Erfahrungen in der Schule:

*Raphael* [12, Aichach]
Die Reaktionen waren verschieden; manche haben gesagt: „Hey, da mach ich mit.“ Und der andere Teil sagt: „So ein Scheiß, bringt doch sowieso nichts.“ Meine Eltern und meine Lehrerin Frau Büschl stehen jedenfalls voll und ganz hinter mir und finden das Projekt sehr unterstützenswert.

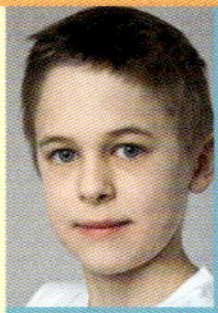

*Josia* [11, Duisburg]
Manche haben gesagt, dass sie das voll cool fanden. Insbesondere in meiner Schulklasse kamen einige zu mir und meinten, dass sie nun auch ein Ziel vor Augen haben. Außerdem wird es vielleicht bald eine SV-Gruppe für Plant-for-the-Planet geben.

## Programm „Activity: Plant-for-the-Planet“

**Woche 1**
Einführung und erfahren, was die Schüler bereits über die globale Erwärmung wissen

**Woche 2**
Plant-for-the-Planet Präsentation „Bäume für Klimagerechtigkeit“ und anschließende Diskussion

**Woche 3**
„Was genau ist eigentlich Klimagerechtigkeit?“

„Wie könnte sie umgesetzt werden?“

**Wochen 4 und 5**
„Die globale Erwärmung und ihre Folgen für die Umwelt“

„Was Bäume gegen die Klimakrise tun können“

Erweiterung und Vertiefung der Fakten und komplizierteren Zusammenhänge

**Woche 6**
Gemeinsam Film(e) über die Klimakrise ansehen; anschließende Diskussion

**Woche 7**
Erstellung von Postern/Collagen über verschiedenste Umweltveränderungen, die durch die globale Erwärmung entstehen

**Wochen 8 und 9**
Diverse Vorträge von Botschaftern für Klimagerechtigkeit

**Woche 10**
Entwicklung von Aktionsideen, um ein internationales Netzwerk aufzubauen und zu erweitern; gegenseitiges Versprechen, bestimmte Aktionen auch wirklich anzupacken

**Woche 11**
Gemeinsam Unterstützung suchen, um Pflanzaktionen auf dem Schulgelände durchführen zu können, und Vorbereitung für Spendenaktionen

*Clara* *[12, Augsburg]*
In der Schule versuche ich mit der Hilfe meiner Klassenleiterin und eines weiteren Lehrers, eine Umwelt AG zu gründen.

Meine Freundinnen haben mir erst mal den Spitznamen „Klima-Clara" verpasst, finden es aber ziemlich toll. Eine Freundin ist dann sogar zur Akademie in Augsburg gekommen.

Meine Klassenkameraden waren anfangs total begeistert. Aber inzwischen kann es schon mal passieren, dass die Jungs die Augen verdrehen, wenn meine Freundinnen und ich mit Plant-for-the-Planet daherkommen. Dann erzählen wir ihnen einfach etwas über die Realität, und wenn ihnen das nicht passt, ist das ihr Problem.

Ich möchte, dass mehr als eine Million Bäume gepflanzt werden und dass in unserer Schule Recyclingpapier in allen Bereichen (Kopien, Hefte, Hygienepapier) und Bioprodukte benutzt werden. Dafür brauche ich aber wohl erst mal noch mehr Mitstreiter/innen.

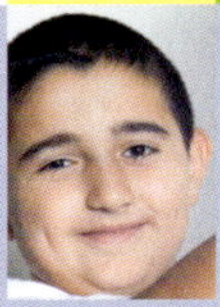

*Rufat* *[12, Baku, Aserbaidschan]*
Das erste Mal habe ich auf der UNEP Tunza Konferenz in Norwegen im Juni 2008 von Plant-for-the-Planet gehört. Felix hielt dort einen Vortrag und seitdem informiere ich mich immer über die Internetseite. Es hat mich besonders angezogen, weil sich das Wissen und die Informationen, die ich auf der Internetseite von Plant-for-the-Planet gefunden habe, super mit meinen Interessen decken.



Bei der Plant-for-the-Planet-Foundation bin ich im Kinderrat dabei, weil ich mich mit anderen Kindern aus anderen Ländern austauschen will, die sich auch für die Rettung ihrer Zukunft einsetzen.

Um meine Mitschüler über Plant-for-the-Planet zu informieren habe ich mit der Erlaubnis von meinem Lehrer eine 15-minütige Präsentation gehalten. Meine Freunde wissen, dass ich mich für Fragen der Zukunft und für die Herausforderungen, die mit dem Klimawandel zusammenhängen, sehr interessiere. Als ich über Plant-for-the-Planet berichtet habe, waren auch sie begeistert.

Dieses Jahr haben meine Freunde und ich ungefähr 1.000 Bäume gepflanzt. Ich versuche meine Freunde anzustiften, noch mehr Bäume zu pflanzen. Unser oberstes Ziel ist die Anzahl von Aktionen und Pflanzparties zu steigern, mehr Informationen zu geben und mehr Menschen zu involvieren.

*Jule* [13, Bremen] *und Merle* [13, Bremen]

Die Menschen reagieren sehr unterschiedlich auf unser Engagement fürs Klima. Viele von unseren Mitschülern kümmern sich eher wenig um dieses Thema. Es gibt ironische Kommentare – nach dem Motto: „Ist ja schön, dass du dich so für die Umwelt engagierst, aber …“

Doch es gibt auch positive Reaktionen. Während unseres Klassenvortrags hatten wir Schüler, für die uns unsere Lehrer bestimmt beneidet haben: Sie haben zugehört, mitgemacht, nachgefragt … Ein Kommentar danach: „Ein echt geiler Vortrag!“ Und auch Kinder, von denen im Unterricht sonst nichts zu hören war, beteiligten sich. War das vielleicht ein Grund, dass wir trotz intensiven Nachfragens dann erst mal nirgendwo anders referieren durften? Aber es tat gut, dass ein Jahr später ein Lehrer sich noch an unseren Einsatz erinnerte und sichtlich beeindruckt war, dass wir immer noch aktiv sind.

Weil wir in der Schule erst mal Gegenwind bekamen, sind wir eben nach draußen gegangen; schließlich wollten wir Botschafter für das Klima sein! Und als in der Presse eine Diskussionsveranstaltung zum Thema Klimawandel im Rathaus unserer Kreisstadt angekündigt worden ist, machten wir uns einfach auf den Weg …

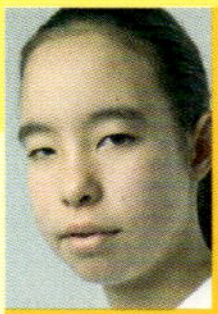

*Joy* [12, Krefeld]

Viele meiner Mitschüler finden es zwar interessant, denke ich, sind aber selbst noch nicht motiviert, auch etwas zu tun. Ich glaube, sie fühlen sich machtlos, dabei habe ich ihnen erklärt, dass wir uns durch das Internet zu großen Gruppen zusammenschließen und sehr viel Einfluss haben können. Aber vielleicht, wenn ich immer nur in Deutschland gelebt hätte, hätte ich die Umweltzerstörung auch nicht als so dringend verstanden, weil man es hier noch nicht wirklich sieht …

# Baum für Baum ...

## Oder: Die große Pflanzparty

**Als wir unsere Freunde aus Polen, Ula und Kamil, gefragt haben, warum sie Baumpflanzaktionen in ihrer kleinen Stadt Borek organisieren, haben sie geantwortet:**

„Weil Bäume die Lunge für die Welt sind. Es gibt kein Leben ohne Bäume. Sie sind außerdem ein schönes Symbol. Wir haben in unserer Schule den Brauch, dass jedes Kind in der ersten Klasse einen Baum hinter der Schule pflanzt; dann können wir sehen, wie die Bäume mit uns wachsen, und sie bleiben hier, wenn wir schon von der Schule weg sind. Wir wollen als Kinder auch zeigen, dass wir was machen können ... Wir werden nicht nur diskutieren wie die Politiker, wir werden es einfach tun. 7 Millionen Bäume sind allein in unserer Region durch die letzten Unwetter zerstört worden; also über den Sinn, Bäume zu pflanzen, brauchen wir gar nicht viel reden ...“

**So sehen wir das auch: Stop talking. Start planting.**

*Max* [12, Berlin]

Die Bäume dürfen wir auf dem Land pflanzen, das uns die Stadt zur Verfügung stellt. Das ist z. B. in Pankow, am Stadtrand von Berlin. Dort pflanzen wir einen Kinderwald. Nachdem das Forstamt uns eine Fläche zur Verfügung gestellt hat, fragen wir unseren Förster, Herrn Franusch, ob die Fläche für die Bäume geeignet ist und wann ein guter Zeitpunkt zum Pflanzen ist.

So machen wir eine Pflanzparty bekannt: Wenn man 5 Leute anruft, von denen jeder noch mal 2 Leute anruft, und die dann auch 2, dann kommen sehr viele Kinder zusammen. Dabei nutzen wir auch T-Shirts von Plant-for-the-Planet, Flyer und Plakate. Wir starten auch E-Mail-Wellen. Außerdem rufen wir bei der Presse an und fragen sie, ob sie zu der Pflanzaktion kommen und darüber berichten können.

Wer sich vorgenommen hat, Bäume zu pflanzen, steht allerdings schnell vor einem Sack voller Fragen, und alle fangen mit „W“ an.

**Wie finde ich Mitstreiter?**
**Wie schaffe ich es, dass möglichst viele auf die Aktion aufmerksam werden und sich – wenn irgend möglich – davon begeistern lassen?**
**Wo kann ich pflanzen?**
**Welche Bäume passen wohin?**
**Wo kriege ich Jungbäumchen her?**
**Wer könnte über unsere Pflanzparty berichten?**

Klingt schwierig? Alles halb so wild: Mittlerweile haben ja schon eine ganze Menge von uns Pflanzpartys organisiert, haben dabei Erfahrungen gesammelt und bei Plant-for-the-Planet zusammengetragen. Auf diese Erfahrungen kann jeder zurückgreifen, der eine Pflanzparty veranstalten will.

**Die wichtigste Regel zuerst: Zusammen geht alles einfacher und macht mehr Spaß.**

*Leon [13, Köln]*

Wir hatten total Spaß beim Pflanzen. Obwohl es geregnet hat und ziemlich kalt war, haben wir innerhalb von zweieinhalb Stunden mit circa 30 Kindern 1.000 Bäume gepflanzt!

Wenn wir eine Pflanzparty planen, schreiben wir unseren Freunden E-Mails, machen Aushänge am Schwarzen Brett in der Schule und erzählen allen davon.

Wir brauchen zum Pflanzen nur einen stabilen Spaten und Gummistiefel. Die Förster zeigen uns das Grundstück und die Pflanzstellen. Oft haben sie eine Linie vorbereitet, auf der in einem bestimmten Abstand gepflanzt wird. Wir Kinder graben so tiefe Löcher, dass die Wurzel knapp bedeckt ist, wenn die Pflanze in der Erde ist. Wir müssen darauf achten, dass sie aufrecht steht. Dann treten wir die Erde um die Pflanze herum fest und beginnen mit dem nächsten Loch.

## Wie ihr Mitstreiter findet

Die besten Mitstreiter finden sich im Freundeskreis oder in der Familie. Meistens reicht es, nur von der geplanten Baumpflanzaktion zu erzählen, und schon kommen die ersten Anfragen: „Hey, kann ich da auch mitmachen ...?" Aber sicher! Je mehr, desto besser.

Unterstützer finden!

Ein Schulreferat über das Thema Klimakrise zum Beispiel eignet sich auch sehr gut, um Helfer und Unterstützer für eine Baumpflanzparty zu finden. Schließlich hat auch unsere Initiative Plant-for-the-Planet mit einem Referat von Felix angefangen. Und wenn ihr dann am Ende eures Vortrags sagt: „So, jetzt haben wir aber genug über die Klimakrise geredet, jetzt wollen wir was dagegen TUN!", und dabei vielleicht noch eine Pflanzschaufel hochhaltet, sind bestimmt sofort etliche Mitschüler mit von der Partie.

## Wo ihr pflanzen könnt

Natürlich könnt ihr nicht gleich mit hochgekrempelten Ärmeln und Schaufel in der Hand losmarschieren und irgendwo irgendwelche Bäumchen oder Büsche einbuddeln. Sonst könnte es leicht passieren, dass dort, wo ihr heute pflanzt, übermorgen ein Fußballplatz angelegt wird oder ein Gewerbegebiet entsteht ... und alle Bäume wieder ausgerissen werden.

*Josia* [11, Duisburg]
Meine Pflanzparty fand im Sommer 2009 im Rahmen der Duisburger Umwelttage statt. Felix war da und unser Oberbürgermeister war auch dabei. Er hat selber einen Baum gepflanzt. Felix war der Schirmherr, besser gesagt „Schirmjunge" der Umwelttage. Endlich mal ein Kind! Außerdem waren wirklich viele Reporter da – einige mit Kameras. Dann stellten mehrere von uns Kindern vor, was sie schon für Plant-for-the-Planet gemacht hatten.

*Niklas* [12, Köln]
Ich pflanze Bäume, weil ich etwas für die Umwelt tun möchte, aber auch, weil ich versuchen möchte, dass wir alle zusammen auf der Welt einen Ausgleich schaffen können, nachdem wir dabei sind, die Regenwälder abzuholzen. Es macht mir auch Freude zu sehen, dass man nach jedem Baum, den man gepflanzt hat, ein ganz, ganz kleines bisschen für die Umwelt getan hat.

Das Gelände, auf dem die Bäumchen wachsen sollen, muss zuerst vom Eigentümer – manchmal ist das eine Privatperson, meistens aber die Stadt, der Landkreis oder der Staat – ganz offiziell zum Pflanzen freigegeben werden. Am besten, ihr erkundigt euch bei einem Förster (also beim Forstamt oder der Landesforstverwaltung).

Oder ihr geht zur Stadt- oder Gemeindeverwaltung und fragt dort nach, wer für die Pflege von Parks und Grünanlagen zuständig ist. Ihr könnt euch auch beim Umweltamt der Stadt erkundigen.

Pflanzplatz suchen!

Keine Sorge: Die Leute dort sind fast immer aufgeschlossen und hilfsbereit, wenn sie es mit engagierten Kindern und Jugendlichen zu tun haben. Und vielleicht organisieren sie eure geplante Pflanzparty ja sogar mit?

## Wie ihr die passenden Bäume findet

Also, den Pflanzplatz habt ihr. Und wie geht's weiter? Richtig: die passenden Bäumchen! Die müssen nämlich genau zum Boden und zu ihrem künftigen Standort passen. Auch da ist der Förster euer Mann. Er weiß genau, welche Arten im Halbschatten und welche in der Sonne am besten wachsen; er weiß, dass Kiefern sandigen Boden mögen und Erlen feuchte „Füße“ schätzen.

Bäume auswählen!

Oder ihr schaut einfach, wo in eurer Nähe eine Baumschule oder eine größere Gärtnerei ist – dort arbeiten meistens auch Fachleute, die ihr fragen könnt.

*Raphael* *[12, Aichach]*
Ich habe die Leitung unserer Baumpflanzaktion im Dezember 2009 übernommen. Der Vater eines Mitschülers hat ein Grundstück und er hat sogar die Pflanzen zur Verfügung gestellt. Unsere Klassenlehrerin Frau Büschl hat diesen Tag bei bestem Wetter in unseren Stundenplan integriert. Und es war ein voller Erfolg. Unsere Klasse hat im Beisein der Regionalpresse 500 Bäumchen eingegraben.

Neuester Fakt: Am 6. Februar 2010 ist im Gemeinderat entschieden worden: Unsere Schule bekommt für das Projekt Plant-for-the-Planet ein großes Grundstück für die nächste Baumpflanzaktion im Frühjahr. Juhu!!! Auch die Gemeinde haben wir überzeugt!!!

# Wie und wo ihr die Bäume bekommt

Fast immer bekommt ihr die Bäumchen vom Forstamt oder von der Stadt geschenkt. Wenn (wider Erwarten!) nicht – Baumspender und -sponsoren findet ihr ganz bestimmt: Fragt einfach auch mal bei einer Gärtnerei, einer Baumschule oder bei einem Baumarkt mit Gartenabteilung in eurer Nähe, ob sie euch bei eurer Pflanzaktion unterstützen wollen.

Bäumchen besorgen!

Eine Menge Anregungen, um Sponsoren zu finden, haben zum Beispiel auch Benedikt und seine Umwelt AG mit ihrer Aktion „Run for Trees“ gesammelt, über die ihr im nächsten Kapitel noch mehr erfahren werdet. Sie haben festgestellt, dass sich Sponsoren am leichtesten finden lassen, wenn ihr darauf hinweist, dass auch die Presse mit dabei sein wird.

2.000 Bäume an einem Nachmittag!



## Was Bäume mögen … und was nicht

### Ein paar kleine Tipps zum Bäumepflanzen

Von allen Tipps zum Pflanzen gibt es einen, der unter gar keinen Umständen in den Wind geschlagen werden darf: Bäumepflanzen ist zwar keine komplizierte Angelegenheit, man kann aber doch eine Reihe von Fehlern machen.
Darum ist es in jedem Fall gut, wenn zumindest bei der ersten Pflanzaktion ein „Profi“ dabei ist, der hilft, erklärt und korrigiert – ein Förster, ein Forstangestellter, jemand aus einer Baumschule. Es gibt aber auch Hobbygärtner, die Erfahrung im Bäumepflanzen haben.
Ein Baum, der sich an seinem Platz viele Jahrzehnte wohlfühlen soll, braucht beim Einpflanzen schon ein bisschen Fingerspitzengefühl. Wird er in aller Eile in den Boden gestopft, kann bestenfalls ein Mickerling aus ihm werden.
Das Wichtigste: Die Wurzeln brauchen Platz. Wenn sie gut anwachsen sollen, muss das Pflanzloch mindestens doppelt so tief und doppelt so breit sein wie der Wurzelballen. Die Wurzeln müssen sich nach allen Seiten ausbreiten können – ein bisschen so, wie ein Krake seine Fangarme ausbreitet.

# Wie ihr auf eure Pflanzparty aufmerksam machen könnt

Und damit wären wir beim (fast) wichtigsten Punkt: Habt ihr daran gedacht, die Presse zu eurer Pflanzparty einzuladen? Wir wollen ja schließlich erreichen, dass möglichst viele Menschen von unserer Idee erfahren und davon angesteckt werden. Je mehr Menschen mitpflanzen, desto besser.

Pflanzaktion bekannt machen!

Um die Medien muss man sich immer möglichst frühzeitig kümmern, weil es sonst leicht passieren kann, dass die Presseleute schon andere Verpflichtungen haben. Sehr gute Erfahrungen haben wir Pflanzer auch mit den regionalen Rundfunkstationen gemacht. Und weil's beim Pflanzen immer gute Bilder gibt, sind wir meist auch für Fotografen und für das Fernsehen „ein gefundenes Fressen".

Überlegt euch schon im Vorfeld der Veranstaltung, wer am besten kleine Interviews vor Kamera und Mikrofonen geben will und kann. Es kann auch nicht schaden, vorher ein wenig zu üben, wie man kurz und überzeugend antworten kann. Die Fragen sind ja leicht vorherzusehen: *Warum pflanzt ihr Bäume? Wie seid ihr auf die Idee gekommen? Was sind eure Ziele? Wie reagieren andere Kinder, wie reagieren Erwachsene auf eure Aktion?*

**Ursberger Schüler pflanzen 900 Bäume an einem Tag**

Ringeisen-Gymnasium unterstützt die UN-Aktion „Plant for the Planet" – Führend unter deutschen Schulen

**Ursberg (pac). Schule draußen bei Sonnenschein? Kaum ein Schüler würde da nein sagen! Und so versammelte sich der Grundkurs Englisch der 12. Jahrgangsstufe des Ringeisen-Gymnasiums mit seiner Englischlehrerin Karolina Spengler in einem Waldstück im Bereich Herrgottsruh zwischen Ursberg und dem Krumbacher Ortsteil Edenhausen. Doch englische Grammatik und Literatur standen nicht auf dem Unterrichtsplan. Stattdessen griffen die Schüler zusammen mit ihrer Lehrerin zum Spaten und pflanzten einen Tag lang Bäume, Bäume, Bäume ... Angeleitet und unterstützt wurden sie dabei von Hubert Forstner vom Amt für Landwirtschaft und Forsten in Krumbach.**

Die wundersame Entwicklung vom Schüler zum „Forstgehilfen" hat folgenden Hintergrund. Seit 1977 pflanzte die im Jahre 2004 mit dem Friedensnobelpreis geehrte kenianische Umweltaktivistin Wangari Maathai 30 Millionen Bäume in Afrika. Die Vereinten Nationen (UN) griffen die Idee auf und in Zusammenarbeit mit der UN-Umweltorganisation UNEP (United Nations Environment Programme) entstand „Plant for the Planet – Bil- [...]

anderem zur Erwärmung unseres Planeten beiträgt. „Plant for the Planet" ist eine Aktion, an der sich weltweit vorwiegend engagierte Jugendliche, Schulklassen und ganze Schulen beteiligen, die dieses ehrgeizige Ziel der Vereinten Nationen unterstützen. Auch das Ringeisen-Gymnasium Ursberg ist dabei und liegt mit 900 (!) bereits gepflanzten Bäumen deutschlandweit auf dem Spitzenplatz – gefolgt von einer Schule, die 700 Bäume versprochen hat, und einer, die 500 bereits gepflanzt hat.

**Idee der Englischlehrerin**

Die Initiative für die Teilnahme kam von der Ursberger Englischlehrerin Karolina Spengler, die es schon immer verstand, fachübergreifend den Unterricht in englischer Sprache mit aktuellen Themen zu verknüpfen und damit Schulstunden wie Projektbeiträge lebensnah zu gestalten. Als Experte vor Ort konnte der Förster Hubert Forstner gewonnen werden. Er besorgte die jungen Bäumchen und betreute die Pflanzaktion. Aufgeforstet wurde von den Jugendlichen nicht irgendein Stück Wald, sondern eines aus dem Besitz des Trägers der Schule, der St. Josefs- [...]

Pflanzen zwar nicht so schnell wie Profis, tun aber was fürs Klima: Schüler des Ringeisen-Gymnasiums. (im Bild eine Gruppe beim Pflanzen mit Initiatorin Karolina Spengler und Förster Hubert Forstner (rechts)). Bild: Christian Pagel

der Borkenkäfer locker eine ganze Generation mehr und wir haben im Herbst eine echte Massenentwicklung." Im konkreten Fall wurden deshalb keine Nadelbäume, sondern Buchen und Wildkirschen gepflanzt. Forstner war mit der Arbeitskraft seiner jugendlichen [...]

jetzt wurden weltweit ca. 800 Millionen Bäume versprochen und etwa zehn Millionen gepflanzt. Das Ringeisen-Gymnasium hat seinen Anteil geleistet – eine Aufstockung ist durchaus noch denkbar. Doch jenseits aller Zahlen wird „Plant for the Planet" ein Erfolg [...]



Bevor der Baum ins Pflanzloch kommt, sollen sich die Wurzeln noch einmal richtig mit Wasser vollsaugen. Sie dürfen sozusagen auf Vorrat trinken, damit der Baum die Eingewöhnungszeit gut übersteht, bis die Wurzeln angewachsen sind und ihn an seinem neuen Platz mit Wasser versorgen können.
Das Bäumchen soll an seinem neuen Standort nur so tief in der Erde stehen wie zuvor im Pflanztopf. Die Wurzelansätze dürfen ruhig noch ein klein wenig zu sehen sein. Wird der Baum zu tief eingepflanzt, können nämlich die Wurzeln faulen.

Noch ein kleiner Tipp: Ein Erdwall rings um das Stämmchen ist eine große Hilfe. Er sorgt dafür, dass das Gießwasser nicht sofort wieder wegfließt, sondern genau dort in die Erde sickert, wo der junge Baum es braucht.

Die besten Pflanzzeiten sind der Herbst und das Frühjahr. Da haben frisch gepflanzte Bäumchen gute Chancen. Jetzt aber noch das eigentlich Wichtigste: Niemand von uns Kindern sollte entmutigt sein, wenn nicht jedes Bäumchen gleich richtig wächst oder sogar eingeht – das ist ganz normal.

# Wie aus eurer Pflanzaktion eine echte Party wird

Und wie sieht's mit Pflanzparty-Verpflegung und Getränken aus? Können euch die Eltern dabei unterstützen? Schüler in Augsburg zum Beispiel haben für Plant-for-the-Planet auf einem Schulfest Waffeln gebacken und verkauft. Das wäre doch auch für eine Pflanzparty eine prima Idee.

Oder eure Oma backt einen Kuchen? Jemand macht einen Nudelsalat und bringt ihn mit? Ein anderer kümmert sich um Geschirr und Besteck? Der Getränkemarkt um die Ecke sponsert für den Tag eurer Pflanzparty vielleicht sogar gerne seine Biergartentische und -bänke und schenkt euch auch noch die Getränke für die gesamte Pflanzmannschaft?

Wir haben auf jeden Fall die Erfahrung gemacht, dass uns ganz viele Menschen helfen, wenn wir ihnen erzählen, *warum* wir Bäume pflanzen.

Besonders gut kommen Pflanzpartys unserer Erfahrung nach an, wenn zumindest ein paar von euch T-Shirts von Plant-for-the-Planet anhaben.* Das stärkt bei uns immer das Gefühl, dass wir gemeinsam etwas Tolles tun. Außerdem wird dann den Leuten klar, dass es bei eurer Party nicht um eine „einsame" Einzelaktion geht, sondern um etwas Größeres.

* T-Shirts und Flyer könnt ihr über unsere Homepage bestellen!

Schwieriger ist es manchmal, örtliche „Promis" (Lokalpolitiker zum Beispiel) zur Pflanzparty einzuladen. Es funktioniert meist nur, wenn man sie *sehr* frühzeitig informiert und damit locken kann, dass die Presse die Aktion begleiten wird. Jeder Politiker steht gerne vor der Kamera oder einem Mikrofon.



Nun habt ihr alles beisammen – Mitstreiter, Pflänzchen, Spaten, Pflanzplatz, Essen und Getränke – und es kann endlich losgehen. Wie man ein Bäumchen einpflanzt, dass es gut anwächst und zu einem gesunden Baum heranwächst, der in seinem Leben eine Menge $CO_2$ schluckt, sagt euch am besten der Förster, der euch – hoffentlich! – bei der ganzen Pflanzparty begleitet.

**Wo auch immer ihr eure Pflanzparty veranstaltet, wie viele Bäumchen auch immer ihr pflanzen wollt – ihr könnt richtig stolz darauf sein! Eure Pflanzaktion ist Teil einer weltweiten Aktion.**

Überall auf der Welt pflanzen Kinder Bäume. Damit sind wir wie eine große weltweite Familie, denn Baum für Baum kämpfen wir Kinder für unsere Zukunft. Wenn wir in jedem Land der Erde eine Million Bäume gepflanzt haben werden, werden uns alle kennengelernt haben und uns ernst nehmen – und ihr seid dabei!

www.plant-for-the-planet.org

## Wie eure Bäume mitzählen

Damit wir wissen, wie viele Bäume wir gemeinsam schon geschafft haben, ist es nötig und wichtig, dass „eure Bäume“ bei der nationalen und der internationalen Zählung mit aufgenommen werden. Deshalb beginnt die Planung jeder Pflanzaktion sinnvollerweise mit einem Klick im Internet. Damit eure Bäume bei Plant-for-the-Planet mitgezählt werden, müsst ihr euch zuerst auf unserer Homepage registrieren. Dort könnt ihr eingeben, wie viele Bäume ihr pflanzen wollt oder bereits gepflanzt habt. Innerhalb eurer Pflanzgruppe könnt ihr eure Pflanzaktionen auch veröffentlichen, Bilder hochladen und so allen anderen zeigen, wie aktiv ihr seid.

Kinder aus vielen Städten haben schon jeweils 100.000 Bäume für ihre Stadt versprochen. Das sind riesige Zahlen. Aber sie sind erreichbar, wie die vielen Rückmeldungen von verschiedenen Pflanzpartys in ganz Deutschland zeigen.

Bäume eintragen!

Dabei muss auch nicht jeder Baum selber gepflanzt sein. Es muss auch nicht jeder Baum davon in Deutschland gepflanzt sein. Es zählen alle Bäume überall auf der Welt mit, die gepflanzt werden, weil ihr euch für sie engagiert habt! Das kann sowohl durch die Organisation von Pflanzpartys sein als auch durch Spendenaktionen, um mit dem erhaltenen Geld Bäume in anderen Ländern der Welt zu pflanzen.

**Macht einfach mit!**

*Else* [12, München] *und Miriam* [12, München]

Wir besuchen die 6. Klasse des Ernst-Mach-Gymnasiums in Haar bei München. Wir waren sofort Feuer und Flamme, als wir von Plant-for-the-Planet erfuhren. Unser Lehrer hat uns mit Informationen versorgt und wir haben im Internet recherchiert. Die Idee von Felix hat uns begeistert. Um mehr zu erfahren wurden wir im März 2009 in der Plant-for-the-Planet Akademie in der Evangelischen Akademie Tutzing zu Botschafterinnen für Klimagerechtigkeit ausgebildet. Wir waren mächtig stolz auf uns, als wir die Urkunden in den Händen hielten. Mittlerweile haben wir schon gut und gerne 25 Präsentationen gehalten, mehrere davon auch an drei anderen Schulen in unserer Gemeinde. Aber jeder Vortrag ist doch wieder ein neues Erlebnis, weil wir unsere Zuhörer selbst sehr viel fragen und immer wieder andere Antworten bekommen. Im April 2010 haben wir zu einer Plant-for-the-Planet-Akademie an unserer Schule eingeladen. Der Bürgermeister hat begrüßt, wir haben 4.000 Setzlinge gepflanzt und 25 neue Botschafter für Klimagerechtigkeit ausgebildet.

# Bäume für den Süden ...

## Oder: 10 Euro = 10 Bäume

Ein kleiner Baumsetzling kostet nirgendwo auf der Welt viel, aber wir wollen ja nicht nur einen Baum pflanzen, sondern so viele wie möglich – eine Million Bäume in jedem Land der Erde!

Bestimmt kann jeder von euch, der eine Baumpflanzparty veranstalten will, dafür ein bisschen Geld auftreiben und Sponsoren finden. Vielleicht geben ja auch Eltern, Verwandte oder Freunde etwas dazu.

* Wie ihr Botschafter für Klimagerechtigkeit werden könnt, erfahrt ihr im nächsten Kapitel ab Seite 84!

Wenn ihr Botschafter für Klimagerechtigkeit* seid, könnt ihr für Plant-for-the-Planet Aktionen auch größere „offizielle" Spendenaktionen auf die Beine stellen und zum Beispiel auf Plätzen, in der U-Bahn oder auf Veranstaltungen sammeln. Wir haben auf unserer Homepage auch die wichtigsten Fragen rund ums Thema Spenden zusammengestellt.

Oft finden wir sogar Firmen und Organisationen, die uns bei unseren Aktionen großzügig unterstützen. Sie treten dann als Sponsoren auf.

* Mehr zu Benedikts Idee erfahrt ihr ab Seite 80!

Wie toll so eine Spenden- und Sponsorenaktion funktionieren kann, könnt ihr am Ende dieses Kapitels nachlesen. Unser Freund Benedikt* hatte dazu nämlich eine ziemlich gute Idee.

*Karoline* [14, Berlin]

Als ich als Botschafterin für Klimagerechtigkeit das erste Mal mit meinen Freundinnen in Berlin sammeln gegangen bin, war das so: Wir sind in der Mittagspause losgezogen (in voller Montur mit Plant-for-the-Planet T-Shirt und Flyern) und wollten es als Erstes auf der Friedrichstraße versuchen, weil da so viele Leute sind. Aber dann stellten wir fest, dass das gar nicht so gut geht. Die meisten sind einfach an uns vorbeigelaufen und haben nur freundlich genickt. Dann sind wir in den U-Bahnen sammeln gewesen: Wir sind eingestiegen und haben so was gesagt wie: „Guten Tag, wir sind Schülerinnen der Evangelischen Schule Berlin Zentrum und wir machen bei einem Projekt mit, das nennt sich Plant-for-the-Planet. Da pflanzen Kinder Bäume, um das Klima zu retten. Ein Euro ist gleich ein Baum, und wir würden uns freuen, wenn Sie uns eine kleine Spende geben würden. Jeder Cent hilft."

**Jetzt kommt aber das Wichtigste: Wir brauchen vor allem Geld, um Bäume dort zu pflanzen, wo es am allerwichtigsten ist – in Ländern des Südens.**

Dort ist es viel wärmer als bei uns, deshalb wachsen die Bäume schneller und helfen – durch ihre Fähigkeit, $CO_2$ zu binden – auch schneller gegen die Klimakrise als in Weltgegenden, in denen Bäume langsamer wachsen.

Deshalb haben wir in Afrika, Süd- und Mittelamerika und in Asien Partnerorganisationen, die mit dem Geld, das wir sammeln, für Plant-for-the-Planet Bäume pflanzen. Jeden gespendeten Euro verwandeln unsere Partner dann in einen Baum. Hier ein paar Beispiele:

Ein kleiner Teil von 40.000 Bäumen in Namibia

## Namibia (Afrika)

Mit den Kindern in Namibia und unserer Partnerorganisation „Bäume für Menschen“ haben wir zum Beispiel bereits 40.000 Bäume aufgeforstet! Neben dem Binden von $CO_2$ haben diese Bäume noch eine wichtige Funktion: Sie beugen der weiteren Wüstenbildung im Norden Namibias vor.

Das ging dann viel besser, weil ja die Leute einem in der U-Bahn nicht weglaufen können. Insgesamt haben wir bei dieser Sammelaktion 26 Bäume verdient!

Wir sammeln aber auch auf Plätzen und Veranstaltungen (z. B. auf dem Staudenmarkt im Botanischen Garten). Wenn wir sammeln, haben wir immer MUTkarten dabei. MUT kann man schließlich immer gebrauchen. Die MUTkarte ist ein Motto von unserer Schule und sozusagen die Quittung. Auf der Rückseite steht: „MUT zum Träumen“, „MUT zur Verantwortung“, „Für diese MUTkarte wird ein Baum gepflanzt“. Jeder, der einen Euro bezahlt, bekommt eine MUTkarte.

# Ecuador (Südamerika)

Gregor, der von Anfang an bei Plant-for-the-Planet dabei war und in Ecuador seinen Zivildienst gemacht hat, hat dort mit Einheimischen über 28.000 Bäume gepflanzt. Gemeinsam mit der lokalen Bevölkerung und dem Leiter vor Ort, dem Umweltingenieur Edwin Bustamante, forstet er die Wälder in der Provinz Pichincha auf. Es werden dort 13 einheimische Arten gepflanzt. Dadurch werden die negativen Folgen der Abholzung (Klimaveränderungen, Erosion, Verringerung der Artenvielfalt, etc.) bekämpft.

Gregor beim Pflanzen

# Demokratische Republik Kongo (Afrika)

Die Demokratische Republik Kongo liegt in einem der größten tropischen Waldgebiete der Erde. Weil im Kongo aber auch unglaublich viel abgeholzt wird, gibt es immer mehr Gegenden mit kahlen Berghängen, die durch Erosion gefährdet sind.

Die Pflanzungen, die „Prima Klima“ dort mit Einheimischen unter anderem für Plant-for-the-Planet durchführt, helfen, dieses Problem zu bekämpfen.

# Costa Rica (Mittelamerika)

Mit unserem Partner „BaumInvest“ haben wir in Costa Rica bereits 40.000 Bäume auf brachliegendem Weideland gepflanzt. Vor allem die Mischung aus Teakbäumen und verschiedenen anderen einheimischen Baumarten ist dort wichtig für die ökologische Vielfalt und die Robustheit gegen Baumschädlinge. Eine der Baumarten ist zum Beispiel ein Mandelbaum, dessen Früchte als Futter für einen seltenen Papagei dienen.

Außerdem werden dort Gebiete entlang von Flussläufen wiederaufgeforstet. Die Setzlinge dafür werden übrigens von unserem Partner direkt vor Ort gezogen. Und die Bäume dienen an manchen Stellen auch als natürlicher Ersatz für Zäune.

# Malaysia (Asien)

In Malaysia haben wir einen ganz neuen Pflanzpartner – die „SMK Teloi Kanan School“. Das freut uns natürlich ganz besonders, weil hier vor allem Schüler an der Küste Mangrovenbäume pflanzen! Mangrovenwälder sind ein paradiesisches Lebensgebiet für Vögel, Reptilien, Säugetiere, Fische, Muscheln, Krebse und sonstige Tiere. Vor allem aber sind Mangrovenwälder an der Küste ein ganz wichtiger Schutz vor Sturmfluten und Tsunamis!

**Wir finden: Das sind alles Projekte, für die es sich auf jeden Fall zu spenden lohnt!**

Plant-for-the-Planet garantiert dafür (und ein Wirtschaftsprüfer bescheinigt es auch), dass pro Euro ein Baum in Ländern des Südens gepflanzt wird. Übrigens wird auch für dieses Buch, das ihr gerade in den Händen haltet, ein Euro für einen Baum im Süden gespendet!

Wie wäre es denn zum Beispiel mit einer „Baum-Schenkaktion"? Eine unserer Freundinnen hat ihrer Oma zum Geburtstag 50 Bäume geschenkt, und die hat sich richtig gefreut! Die schöne Spendenurkunde hängt jetzt in ihrem Wohnzimmer. Oder ihr wünscht euch selbst zu eurem nächsten Geburtstag oder zu Weihnachten Bäume für den Süden.

Wir jedenfalls haben bei unseren Aktionen die Erfahrung gemacht, dass viele Menschen eigentlich ziemlich aufgeschlossen reagieren, uns sehr gerne unterstützen und Geld für unsere Ziele spenden.

Natürlich gibt es auch immer wieder Leute, die skeptisch sind und manchmal sogar abweisend reagieren. Auf einem unserer letzten Treffen haben wir deshalb einfach ein paar „Killer"-Argumente gesammelt, die uns dabei immer mal wieder begegnen, und uns mögliche Antworten dazu einfallen lassen. Die könnt ihr vielleicht auch gut brauchen, wenn ihr andere überzeugen wollt, mitzumachen.

## Gute Antworten auf doofe Argumente!

***Killer-Argument:*** *Ist doch schön, wenn's wärmer wird!*
**Antwort 1:** Wenn alte Leute und Kinder in der Sommerhitze sterben, dann finden Sie das also gut?
**Antwort 2:** Millionen von Menschen verlieren ihr Zuhause, wenn es mit der globalen Erwärmung so weitergeht – sollen die dann alle zu Ihnen kommen?

***Killer-Argument:*** *Ist mir doch egal! Ich will davon nichts hören!*
**Antwort 1:** Haben Sie Ihre Bequemlichkeit lieber als uns Kinder?
**Antwort 2:** Halten Sie die immer schlimmer werdenden Hochwasserkatastrophen und die Gletscherschmelze (usw.) für KEIN Problem?

***Killer-Argument:*** *Ich mache eh schon etwas für den Klimaschutz, ich fahre nämlich sowieso kein Auto.*
**Antwort 1:** Prima! Aber das tun leider nicht alle Leute. Deshalb müssen wir noch mehr tun.
**Antwort 2:** Fliegen Sie? (Essen Sie oft Fleisch? Trennen Sie Ihren Müll? Sparen Sie bewusst Energie? Etc.) … Jeder kann mit kleinen Dingen beginnen.

***Killer-Argument:*** *Man kann ja eh nichts (mehr) machen!*
**Antwort 1:** Das stimmt nicht ganz! Wenn viele oder sogar sehr, sehr viele ein wenig beitragen, ergibt das zusammen eine ganze Menge. Man kann den Klimawandel zwar nicht mehr aufhalten, aber man kann ihn noch bremsen, wenn jeder seinen Teil beiträgt.
**Antwort 2:** Wir pflanzen zum Beispiel Bäume. Ein einziger Baum kann pro Tag 24.000 Kubikmeter Luft reinigen! Und er entzieht der Atmosphäre im Laufe seines Lebens bis zu 3 Tonnen gefährliches Kohlendioxid!

**Killer-Argument:** *Was? Ihr redet von 2050? Da gibt's mich schon lange nicht mehr.*

**Antwort 1:** Aber die dann noch da sind, wollen auch eine Erde, auf der man leben kann. WIR zum Beispiel …

**Antwort 2:** Haben Sie keine Kinder … oder Freunde, die Kinder haben?

**Killer-Argument:** *Klimawandel? Den gab's schon immer.*

**Antwort:** Richtig! Aber es gab noch nie einen so rasanten Klimawandel. Der $CO_2$-Gehalt in der Atmosphäre ist noch nie so schnell gestiegen. Darum geht es. Stellen Sie sich doch nur vor, dass wir Menschen seit Jahrzehnten jeden Tag so viel Kohlenstoff in Form von Kohle, Erdgas, Erdöl aus der Erde holen und in Form von $CO_2$ in die Atmosphäre pusten, wie es eine Million Tage gedauert hat, den Kohlenstoff zu binden!

**Killer-Argument:** *Ich habe schon Bäume gepflanzt.*

**Antwort:** Das ist ja super! Dann machen Sie doch weiter. Gerne auch mit uns. Wenn Sie wollen, dass viele Ihrem guten Beispiel folgen, hätten wir da eine Idee … (Hinweis auf die nächste Baumpflanzaktion und darauf, wie man die unterstützen kann …)

**Killer-Argument:** *Ein paar Bäume helfen ja eh kaum was.*

**Antwort:** Jeder Baum wandelt $CO_2$ in Sauerstoff um. Und wir machen ja auch weiter. Nach der ersten Million folgen weitere. Von allein werden es natürlich nicht mehr. Wir Kinder pflanzen auf der ganzen Welt Bäume. Außerdem sind die Bäume nur ein Teil der Lösung. Wir nutzen unsere Baumpflanzaktionen immer auch, um darauf aufmerksam zu machen, dass wir die weltweiten Probleme nur gemeinsam lösen können.

**Killer-Argument:** *Das ist Sache der Politik … und wenn die anderen nichts tun, warum ausgerechnet ich?*

**Antwort:** Wenn viele mitmachen, muss auch die Politik mehr tun. Sie können und sollten eine(r) von denen sein, die den Politikern Beine machen.

Aber wie schon gesagt: Unsere Erfahrung ist, dass viele Menschen es toll finden, was wir machen, und gerne fürs Bäumepflanzen spenden.



Fantastisch ist es natürlich auch, wenn sich eine ganze Schulklasse, ein Verein oder eine andere größere Gruppe um Spenden* und Sponsoren fürs Bäumepflanzen und für Bäume für den Süden bemüht. Auch hier gilt nämlich, dass zusammen alles einfacher geht und mehr Spaß macht!

Wie so eine größere Aktion aussehen kann, erfährt man am besten von Leuten, die so etwas schon einmal gemacht haben. Deshalb lassen wir hier mal die Mitglieder der Umwelt AG des Immanuel Kant Gymnasiums in Tuttlingen erzählen, wie sie auf die Idee kamen, einen „Lauf für Bäume“ zu organisieren. Was die Jugendlichen da auf die Beine gestellt haben, ist wirklich beachtlich!

* WICHTIG!
Wenn ihr eure Spenden an uns weiterleitet, bitte immer eure Schule bzw. Gruppe und die Stadt angeben (für die Baumzählung)!

# „Run for Trees" – die zündende Idee der Umwelt AG von Benedikt

*Unsere Umwelt AG wurde von Benedikt Hitzler im März 2008 gegründet. Er ist bei uns Schulmentor für Natur- und Umweltschutz und leitet unsere Umwelt AG. Die Idee für das Lauf-Event entstand, als Benedikt einen Flyer der Organisation Plant-for-the-Planet in Händen hielt. Das Thema Klimaerwärmung war in aller Munde und die Politiker diskutierten angestrengt über Abwehrmaßnahmen.*

*Wie gesagt: Sie diskutierten! Und genau das empfanden wir als Problem. Es musste etwas geschehen – und zwar deutlich über das Reden hinaus. Und die nächste Frage, die sich fast von selbst stellte: Was können WIR tun? Jetzt sofort? In dem Flyer von Plant-for-the-Planet war vom Bäumepflanzen die Rede.*

*Bäumepflanzen? Das war etwas Praktisches, das leuchtete uns ein. Wir diskutierten das Wie und Wo. Sollte man in unserem Landkreis eine große Aufforstungsaktion durchführen? Als wir Umwelt-AGler vom Immanuel Kant Gymnasium bei einem Treffen mit Förster Fink erfuhren, dass es im Raum Tuttlingen gar keine Flächen zur Aufforstung gab (es hieß sogar, man müsse die fortschreitende Verwaldung bekämpfen!), war erst mal guter Rat teuer. Auch hier half Recherche auf der Internetseite von Plant-for-the-Planet.*

*Die Organisation, so erfuhren wir, nahm Spenden entgegen, mit denen Bäume in Ecuador, in Namibia (dort im Kampf gegen die Ausdehnung der Wüste) und anderswo gepflanzt werden können. Plant-for-the-Planet garantiert, dass pro Euro ein Baum gepflanzt wird. Unsere Umwelt AG war sofort begeistert, besonders als wir erfuhren, dass gerade auch dort gepflanzt wird, wo der Regenwald abgeholzt oder niedergebrannt wurde – eine Todsünde! Regenwaldschutz war nämlich schon länger eines unserer wichtigen Themen.*

*Wir überlegten, wie wir Geld sammeln konnten. Sollten wir ein Basketballturnier veranstalten und die Eintrittsgelder für die Pflanzaktion spenden? Aber uns wurde schnell klar, dass wir damit nur wenige Bürger und Schüler erreichen würden. Benedikt hatte schließlich die zündende Idee: Ein Lauf für Bäume!*

*Die meisten guten Ideen werden ja nicht aus der Luft gegriffen, sondern haben Vorbilder. So auch diese. In Tuttlingen gibt es den jährlichen „Run for Fun"-Lauf. Es lag nahe, auf diesen Lauf sozusagen die gute Idee aufzupfropfen, also den*

*„Run for Trees"-Lauf. So könnte man auch viele Menschen im Landkreis über die Probleme des Klimawandels und der schwindenden Regenwälder aufklären.*

*Unser Ziel war, jedem Menschen, der nicht weiß, wie er aktiv werden kann, eine Perspektive zu bieten. Bisher hatten wir bei unserer Arbeit immer wieder diese Erfahrung gemacht: Wenn wir Leuten die Fakten über den Treibhauseffekt und die Zerstörung der „grünen Lunge" erzählten, bekamen wir stets die gleiche Antwort: „Schlimm, schlimm, schlimm … aber unsereiner kann ja doch nichts dagegen tun."*

*Nichts? Doch: Laufen! Zuvor mussten wir allerdings Sponsoren finden, die für jeden Laufteilnehmer eine bestimmte Summe spenden würden.*

*In den folgenden Wochen warb die Umwelt AG für ihr Vorhaben. Wir konnten die Schulleitung überzeugen und den Oberbürgermeister als Schirmherr gewinnen. Der Hauptorganisator von „Run for Fun" half uns Schülern, Probleme frühzeitig zu erkennen und zu lösen, bevor sie sich auswachsen konnten. Wir drehten sogar Filme, die wir unseren Mitschülern jeweils in der Großen Pause zeigen konnten: Schaut her, so wächst unsere Idee „Run for Trees"!*

*Mit viel Rückenwind seitens der Stadt und der Schulleitung ging es an die Sponsorensuche: eine knifflige Aufgabe. Die Aktivitäten zogen sich bis weit in die Sommerferien. Und oft gab es mehr Fragen als Antworten: Wie kann das mit dem Catering klappen? Wer ist für Flyer und Plakate verantwortlich? Wo laufen alle Fäden zusammen? Benedikt hielt von seinem Urlaubsort auf Korsika Kontakt und half „voll elektronisch" aus der Ferne.*

*Unmittelbar nach Ferienende begann die heiße Phase – und es wurde uns wirklich heiß! Es gab Schwierigkeiten beim Druck der Plakate, die Firma, die das Plakatieren übernommen hatte, war zu spät dran. Die örtliche Presse unterstützte uns zunächst nur mangelhaft. Neben den regulären wöchentlichen Treffen der Umwelt AG gab es in der heißen Phase – etwa zwei Wochen vor dem Lauf – etliche zusätzliche Treffen.*



*Das erste dieser außerordentlichen Treffen (drei Wochen vor dem Lauf) geriet total zur Krisensitzung. Es gab bis dato nur 20 Anmeldungen, obwohl die Anmeldefrist schon seit 14 Tagen lief. In dieser Sitzung in den Räumen der Firma Hitzlersolar (sie stellte uns Räume und Material zur Verfügung) ordneten wir alle Ideen, Probleme und Vorschläge auf Klebezettel und gruppierten sie nach Kategorien. Anschließend sortierten wir alles nach Dringlichkeit, setzten Termine und bestimmten Verantwortlichkeiten. Wer sorgt dafür, dass bis zu einem bestimmten Termin alle Plakate hängen? Wer ist verantwortlicher Koordinator für die Teilnehmerwerber? Wer sorgt dafür, dass alle Schulen im Umkreis bestens informiert werden?*

*Die Krisensitzung brachte die Wende. Vielleicht der entscheidende Ruck voran: Es gab jetzt mehr Transparenz. Und es gab Checklisten, auf denen jeder sehen konnte, was zu welchem Zeitpunkt geschafft oder eben noch nicht geschafft war. Es passierte jetzt nicht mehr, dass Einsatzfreude und Arbeitskraft vergeudet wurden, weil keiner den Überblick hatte.*

*Mittlerweile war auch die Sponsorensuche erfolgreich. Natürlich wird es keine zwei Städte geben, in denen die Sponsorensuche gleich abläuft, aber wir meinen, es könnte für alle, die auch so etwas planen, anregend sein, wenn wir einmal auflisten, wer uns alles unterstützt hat: diverse Firmen aus dem engeren und weiteren Umkreis, eine örtliche Parteigruppe, die Stadtwerke, die Stadt selbst, zwei Banken, ein Radiosender und eine Umweltorganisation.*

*Und dank großzügiger Materialspenden wie zum Beispiel Startnummern, Werbebanner, aber auch Getränke, konnten wir unsere Kosten sehr gering halten.*

*Nach der Krisensitzung lief es auch mit der Werbung und Mobilisierung besser. Systematisch haben wir die verschiedenen Schulen im Landkreis Tuttlingen aufgesucht, da ja Schüler unsere wichtigste Zielgruppe waren. Wir informierten vorher die Lehrer, zeigten unseren kleinen Werbefilm und verteilten Flyer in den Klassen. Meist hatten wir auch die Gelegenheit zu kurzen Ansagen und Info-Diskussionen in den Klassen.*



*Um Erwachsene zu erreichen, konzentrierten wir unsere Info-Arbeit auf den Tuttlinger Markt. An einem verkaufsoffenen Sonntag hatten wir die Möglichkeit, unsere Informationen über einen großen Fernsehschirm laufen zu lassen. Das erwies sich als sehr nützlich; denn wenn die Leute stehen bleiben, ist es einfacher, direkt auf sie zuzugehen, ihnen Flyer anzubieten und (ganz wichtig!) sie im persönlichen Gespräch zu informieren.*

*Sehr viele Geschäftsleute ließen uns in ihren Räumen Flyer auslegen. Und ein Linienbus trug unsere Plakate als Seitenwerbung kreuz und quer durch die Stadt. An einem Ort, an dem praktisch jeder Stadtbummler vorüberkommt, überspannte ein Werbebanner die Straße. Über 200 Plakate platzierte eine Werbefirma im gesamten Landkreis an Straßenlaternen. Kurzum: Es dürfte nur wenig Menschen im Landkreis gegeben haben, die uns hätten übersehen können.*

*Wie schon gesagt, unsere schulischen Werbefilmeinsätze in den großen Pausen, aber auch auf Elternabenden, zeigten gute Resonanz. Und das Gespräch mit Eltern schaffte zusätzliche Motivation – bei den Erwachsenen und bei uns. In zwei Zeitungen erschienen regelmäßig Artikel über „Run for Trees"; Werbung im Radio und auf unserer Homepage steigerte unseren Bekanntheitsgrad enorm. Kurzum, die Lawine war ins Rollen gekommen, nachdem es lange so ausgesehen hatte, als würde sich nichts bewegen.*

*Ach ja, von Misserfolgen sollte man nicht ganz schweigen: Es stellte sich als außerordentlich schwierig heraus, lokale Prominenz (etwa Politiker) als Unterstützer zu gewinnen. Die meisten Absagen erhielten wir wegen voller oder zu voller Terminkalender der Angefragten.*

*Aber auch ohne prominente „Mitläufer" gingen mehr als tausend Läufer an den Start – unterstützt von 60 Helfern. Wir konnten am Ende Plant-for-the-Planet 7.654 Euro überweisen – dahinter stehen 1.800 ehrenamtliche Arbeitsstunden und ein tolles Erlebnis.*

Schüler mit null Erfahrung in der Organisation von Großveranstaltungen haben sich und allen Skeptikern gezeigt, was möglich ist, wenn man sich für eine gute Sache begeistert und daran arbeitet, dass sie nicht im Ideenstadium stecken bleibt.



Und es stehen jetzt 7.654 Bäume mehr in Namibia als ohne diese Aktion. 2009 hat die Umwelt AG von Benedikt wieder einen Lauf organisiert und 8.000 Euro zusammenbekommen. Damit wurden wieder 8.000 Bäume gepflanzt, die heute in Malaysia wachsen.

Moritz (9 Jahre) und Alina (10 Jahre) haben mithilfe ihrer Eltern ebenfalls einen „Run4Trees" organisiert. Die Schüler ihrer Gemeinde Unterhaching haben ein 100.000-Bäume-Versprechen abgegeben, und die beiden werben kräftig dafür. Während ihres „Run4Trees" haben sie deshalb nicht nur ganz vielen Leuten von Plant-for-the-Planet erzählt, sondern auch Spenden für ihr Baumversprechen gesammelt. Auch im nächsten Jahr wird wieder ein Lauf organisiert, um für „ihre" 100.000 Bäume in Ländern des Südens zu sammeln.

# Unser Planet braucht Botschafter für Klimagerechtigkeit ...

## Oder: Die Plant-for-the-Planet Akademien

Das könnt ihr alle machen: mit möglichst vielen Leuten über die Klimakrise reden und darüber, was man dagegen tun kann!

Damit wir Kinder unsere Zukunft in die eigenen Hände nehmen können, brauchen wir natürlich so viele Menschen wie möglich, die uns dabei unterstützen. Es sind schon viele, aber es sollen noch viel, viel mehr werden!

Solche Menschen müssen wir finden und sie davon überzeugen, dass wir mit ihnen gemeinsam etwas für Klimaschutz und Klimagerechtigkeit auf der ganzen Welt tun können.

Um diese wichtige Botschaft zu verbreiten, braucht es – logisch! – Botschafter. Genauer gesagt: Botschafter für Klimagerechtigkeit. Wir Kinder und Jugendlichen glauben, dass wir dafür genau die Richtigen sind!

Wenn ihr dieses Buch bis hierher gelesen habt, habt ihr natürlich schon eine ganze Menge gelernt, was ihr braucht, um andere zu überzeugen. Auch dabei ist es natürlich toll, wenn ihr Hilfe von den Erwachsenen aus eurem direkten Umfeld bekommt, aber am schönsten und besten ist es, wenn wir Kinder uns dabei gegenseitig unterstützen.

*Lea* [13, Erlangen] *und Mira* [11, Erlangen]

Letztes Jahr im Januar haben wir in unserer Zeitung, den Erlanger Nachrichten, gelesen, dass in der Umweltstation der Lias-Grube in Eggolsheim eine Klima-Akademie stattfindet. In unserer Familie sprechen wir oft über die Klimakrise und unser Vater engagiert sich auch auf diesem Gebiet; deshalb dachten wir sofort, dass das auch was für uns ist. Zwar war es am Akademie-Wochenende schrecklich kalt und es hat in Strömen geregnet, trotzdem fanden wir die Veranstaltung echt super! Wir haben 130 Bäume gepflanzt. Toll fanden wir natürlich, dass Felix, seine Schwestern und sein Vater auch dabei waren. Sogar ein Fernsehteam vom „Tigerentenclub" hat uns begleitet und auf dem Radiosender Bayern 2 wurde ein kleiner Bericht gesendet.
Ein Jahr später, Ende Februar 2010, haben wir beide und unsere Freundin Elisabeth dann den Eröffnungsvortrag bei der Akademie in Stuttgart gehalten. Das war toll! Außerdem planen wir im Herbst eine Akademie in Erlangen, damit noch mehr Kinder aus unserer Gegend Botschafter für Klimagerechtigkeit werden.

Deshalb haben wir im Frühjahr 2008 eine „Ausbildung" zum Botschafter für Klimagerechtigkeit ins Leben gerufen. Das ist meistens 1 Tag* – wir nennen das dann „Akademie" –, an dem wir Kinder hauptsächlich voneinander und miteinander lernen. Wir haben jedenfalls alle die Ausbildung zum Botschafter für Klimagerechtigkeit gemacht und dabei nicht nur ganz viel gelernt, sondern hatten auch noch riesigen Spaß!

* Wenn es sich anbietet, machen wir auch manchmal eine Ausbildung an mehreren Tagen.

Übrigens haben der ehemalige Bundesminister für Umwelt, Sigmar Gabriel, und Professor Dr. Klaus Töpfer die Schirmherrschaft für unsere Initiative Plant-for-the-Planet und für die Akademien übernommen.

**Wir wollen euch in diesem Kapitel einfach mal schildern, wie so eine Akademie abläuft und was ihr dabei Spannendes lernen könnt.**

Wir haben dafür zum einen Stimmen von ganz unterschiedlichen Kindern gesammelt, die bei einer Akademie dabei waren. Zum anderen wollen wir euch natürlich auch noch ein bisschen mehr darüber erzählen, worum es dabei eigentlich geht.

Wir fänden es natürlich super, wenn ihr selber bei einer Akademie in eurer Gegend mitmacht. Wo in nächster Zeit Akademien stattfinden, seht ihr immer aktuell unter http://akademie.plant-for-the-planet.org

**Vielleicht habt ihr aber ja sogar Lust, selbst eine Akademie ins Leben zu rufen, zum Beispiel an eurer Schule. Wenn ihr das machen wollt, unterstützen wir euch dabei! Nehmt einfach Kontakt mit uns auf.***

* Auf unserer Homepage haben wir bereits eine ganze Menge hilfreiches „Material" für Akademien gesammelt, das ihr jederzeit verwenden könnt.

Bei einem Akademie-Wochenende in Unterhaching

Aber auch, wenn ihr (noch ...) bei keiner Akademie mitmachen könnt oder wollt, könnt ihr in diesem Kapitel noch eine ganze Menge dazulernen!

Unsere Akademien laufen immer nach einem ganz bestimmten Grundmuster ab, mit dem wir die besten Erfahrungen gemacht haben. Die Ausbildung zum Botschafter für Klimagerechtigkeit besteht also aus verschiedenen „Bausteinen" – wir nennen das dann „Module".

Ganz wichtig ist, dass wir Kinder dabei von Kindern lernen. Deshalb ist auch immer mindestens ein bereits „ausgebildeter" Botschafter für Klimagerechtigkeit von uns dabei (aber natürlich auch Erwachsene, die dann zum Beispiel als Spielleiter mitmachen und uns auch sonst unterstützen).

## Modul 1: Einleitung
## Oder: Wir diskutieren über die Rede eines Botschafters für Klimagerechtigkeit

„Als die Akademie losging und ich zum ersten Mal die vielen anderen Kinder gesehen habe, die ich bis auf meine Freundin Momo noch gar nicht kannte, war ich ganz schön aufgeregt ... aber dann haben wir ein ziemlich witziges Kennenlernspiel gemacht: Momos Lehrerin (sie war unsere Spielleiterin) hat uns ein riesiges Wollknäuel gegeben, das wir uns dann im großen Kreis immer gegenseitig zugeworfen haben (dabei haben wir den abgerollten Faden immer in der Hand behalten). Dem Kind, dem wir das Knäuel zugeworfen haben, sollten wir dabei einfach irgendeine Frage stellen. Ab da war das Eis gebrochen – und am Schluss hatten wir in der Mitte unseres Kreises ein richtig tolles Fadennetz ..."



Nachdem sich am Anfang alle ein bisschen kennengelernt haben, hält immer erst einer (oder mehrere) von uns bereits ausgebildeten Botschaftern für Klimagerechtigkeit einen Vortrag, der ungefähr 45 Minuten dauert. „Vortrag" klingt vielleicht für manche etwas langweilig, das ist er aber überhaupt nicht!

**Erstens** hören wir Kinder anderen Kindern meistens wesentlich lieber zu als Erwachsenen (auch wenn das viele Erwachsene bestimmt nicht gerne hören ...) und wir haben die Erfahrung gemacht, dass bei den Akademie-Vorträgen alle sehr konzentriert dabei bleiben, obwohl es für die kurze Redezeit ganz schön viel „Stoff" ist.

**Zweitens** gibt es zu dem Vortrag eine (ebenfalls von Kindern und Jugendlichen entworfene!) tolle PowerPoint-Präsentation*, die richtig gut veranschaulicht, worum es eigentlich geht.

**Drittens** ist der Inhalt dieses Vortrags wahnsinnig spannend … es geht ja immerhin um unsere eigene Zukunft!

Ihr wisst darüber schon eine ganze Menge, wenn ihr das Kapitel „Was heißt eigentlich Klimawandel?" gelesen habt. Es lohnt sich aber auf jeden Fall, sich damit immer wieder zu beschäftigen und Neues dazuzulernen. Denn je besser und je mehr wir über die Fakten Bescheid wissen, desto einfacher wird es, auch andere davon zu überzeugen.

Im Anschluss an den Vortrag diskutieren wir über alle auftauchenden Fragen und die Inhalte natürlich ausgiebig, meistens in kleineren Gruppen, weil das dann viel ausführlicher und intensiver geht – am Schluss tragen wir das Ganze dann in der großen Gruppe aber auch wieder zusammen.

Ein Beispiel für Fragen und wie wir damit umgehen: Nach dem Vortrag, den Mira und Lea aus Erlangen in Stuttgart gehalten haben, sagte ein Zuhörer, ein zukünftiger Botschafter für Klimagerechtigkeit, dass es – obwohl die Gletscher fast überall tauen! – in der Antarktis auch Stellen gibt, an denen der Eispanzer noch dicker wird. Kann das stimmen? Und wenn ja: Wieso?

Wir haben dann nachgeforscht. Es stimmt. Obwohl der Eispanzer, der auf Antarktika liegt, schon begonnen hat abzuschmelzen, gibt es einige Bereiche auf diesem eisigen Kontinent, in denen die Gletscherdicke noch zunimmt. Man kann sagen: *gegen den Trend* zunimmt. Wie das? Wenn der Packeisgürtel (das ist das Eis, das auf dem Meer schwimmt) rund um Antarktika im Südsommer taut, ist viel Wasserdampf in der Luft. Wenn diese Feuchtigkeit von starken Winden

* PowerPoint ist ein Computerprogramm, mit dem man Vorträge super mit Bildern und Grafiken verknüpfen kann.

vom Meer her gegen die Berge an Land getrieben wird, dann schneit es in diesem Bereich stark. Und aus Schnee wird Eis.

Fragen wie diese sind natürlich sehr speziell, und keiner kann erwarten, dass wir alle komplizierten Details im Kopf haben.

## Modul 2: Klimakrise
## Oder: Wir diskutieren über Klimagerechtigkeit

„Als wir aus der kurzen Pause in den großen Gruppenraum zurückkamen, lagen da bereits unterschiedlich große ‚Flecken' aus Zeitungspapier am Boden. Dann habe ich genauer hingeschaut und habe gesehen, dass auf jedem dieser Flecken (die auch unterschiedliche Formen hatten) auch immer Kärtchen mit den Namen von den verschiedenen Kontinenten lagen: Europa, Asien, Nordamerika, Südamerika, Asien, Afrika, Antarktika, Australien … Ich war ziemlich gespannt, was jetzt kommen würde! Als dann Herr Hofmann, unser Spielleiter, jedem von uns auch noch einen Schokoriegel und einen Luftballon in die Hand drückte, wurde es natürlich noch mal spannender. Was wir dann mit diesen ‚Zutaten' eindrucksvoll erlebt haben, war, wie ungerecht der Wohlstand und der Energieverbrauch auf unserer Erde verteilt ist. Am Schluss stand ich nämlich dann zum Beispiel mit **ganz vielen** von uns auf einem Kontinent und wir hatten **ganz wenig** Schokolade, während auf anderen Kontinenten (vor allem in Europa und Amerika) **viel weniger** Kinder standen, die aber **viel mehr** Schokoriegel hatten als wir! Und noch viel krasser war, als uns klar geworden ist, welche Kontinente (und die dazugehörigen Länder) am meisten $CO_2$ produzieren – das war einfach unglaublich! Wir haben dann natürlich intensiv darüber diskutiert, was man dagegen machen könnte …"



Dass das mit der Gerechtigkeit (sowohl was den Wohlstand betrifft als auch was die Klimagerechtigkeit betrifft) so eine Sache ist, wisst ihr ja selbst. Aber wie ungerecht es auf dieser Welt wirklich zugeht, versteht man wohl erst, wenn man es so klar vor Augen geführt bekommt: Ein kleiner Teil der Weltbevölkerung hat die meiste Schokolade (= ist reich). Und um überhaupt so reich werden zu können, hat dieser kleine Teil der Weltbevölkerung die Ressourcen (Öl, Gas, Metalle etc.) armer Länder benutzt und damit den Großteil des weltweiten $CO_2$-Ausstoßes ausgelöst, der wiederum den Klimawandel anheizt. Unter den Folgen des Klimawandels leiden aber

am meisten nicht etwa die, die ihn hauptsächlich verursachen, sondern … die Länder, die am wenigsten Schokolade haben (also die armen Länder, die am allerwenigsten dafür können)!

# Modul 3: Rhetorik

## Oder: Wir üben Reden und halten selber einen kleinen Vortrag

„Mein Freund Sebastian, der schon länger Botschafter für Klimagerechtigkeit ist (und mich überredet hat, bei der Akademie mitzumachen), hat uns erst mal vorgemacht, wie man es **nicht** machen sollte: Er hat mit total leiser Stimme ein paar Sätze aus dem Klimavortrag vom Blatt abgelesen. Dabei hat er nur auf das Blatt oder auf den Boden geschaut, und irgendwie stand er auch ziemlich komisch da … das hat wirklich nicht so toll gewirkt, und so richtig rübergekommen ist von dem Inhalt dabei auch nichts … Jedenfalls mussten wir dann alle erst mal richtig lachen – das war ja auch kein Problem, weil Sebastian das extra so gemacht hat.

Wir haben dann aber erst einmal geübt, wie man sich gegenseitig beim Reden verbessern kann, ohne dass der andere sich dabei ‚niedergemacht' fühlt. Als in meiner Gruppe dann ich dran war mit einem Teil des Vortrags, war ich ehrlich gesagt ziemlich nervös … Aber es war dann richtig Klasse zu erleben, wie schnell man sich mit kleinen Tricks und Tipps beim Reden verbessern kann! Zwei Wochen später habe ich dann meinen ersten Klimavortrag in unserer Schule gehalten – und das hat richtig Spaß gemacht!"

Rhetorik ist ein Wort aus dem Altgriechischen und bedeutet übersetzt „Redekunst". Rhetorik gibt Antwort auf die Frage: Wie und mit welcher Haltung sollte ich reden, um zu überzeugen? Angeblich hat sich diese Kunst vor zweieinhalbtausend Jahren auf den öffentlichen Plätzen des antiken Griechenland entwickelt, wo es den Rednern darum ging, die Menschenmengen für ihr Thema zu interessieren und sie zu überzeugen.

Jeder von uns hat bestimmt schon mal die Erfahrung gemacht, dass es manchmal gar nicht so leicht ist, all das, was man doch eigentlich weiß, auch „rüberzubringen". Und wir wollen es ja schließlich auch so rüberbringen, dass es gut ankommt. Der Weg aus

dem Kopf über den Mund ins Ohr und ins Hirn der Zuhörer ist aber oft nicht so einfach, wie man es gern hätte.

Das kann viele Gründe haben. Zum Beispiel: Man ist leicht mal zu aufgeregt, verhaspelt sich, vermischt das nicht so Wichtige mit dem Wichtigen, verliert den Faden, oder man lässt sich durch die Zuhörer einschüchtern, obwohl die meistens gar nicht darauf aus sind, einen einzuschüchtern.

An manchen Schulen wird zwar geübt, frei vor der Klasse zu sprechen. Aber auch dann ist es noch keine Kleinigkeit.

Wir Botschafter für Klimagerechtigkeit sprechen oft vor Menschengruppen, sowohl vor kleinen als auch vor größeren. Erklären, Aufklären ist ja die Aufgabe von Botschaftern. Es ist also wichtig und richtig, das Erklären und Sprechen vor Publikum zu üben. Zu unseren Akademien gehört deshalb immer auch eine Lektion in Rhetorik. Auch wenn man das natürlich am besten gemeinsam in einer Gruppe üben kann, gibt es auf jeden Fall auch ein paar Tricks, die ihr alle berücksichtigen könnt, wenn ihr das nächste Mal vor einer Gruppe sprecht:

Alina: fit in Rhetorik!

1. Ganz bewusst daran denken, laut und deutlich zu reden – sprich: möglichst nicht nuscheln! Und weder zu schnell noch zu langsam reden …

2. Es ist sehr gut, wenn ihr Worte und Begriffe, die euch wichtig sind, besonders **betont;** hier ein kleines Beispiel aus unserem Klimavortrag: „Was ist **Plant-for-the-Planet?** Ganz einfach gesagt: eine **Schülerinitiative,** die Bäume für **Klimagerechtigkeit** pflanzt. Im Jahr 2007 hielt der damals 9-jährige Felix Finkbeiner ein Schulreferat über die **Klimakrise** …“

3. Zwischendrin immer mal wieder die Leute im Publikum anschauen! Dann merkt ihr auch, wenn jemand etwas nicht versteht.

4. Darauf achten, dass ihr möglichst gut auf beiden Beinen steht (kein Witz, das hilft total!).

5. Wenn mehrere zusammen einen Vortrag machen, keinen Quatsch machen, während die anderen dran sind!

# Modul 4: Pflanzaktion
## Oder: Wir pflanzen selber und bereiten Pflanzaktionen vor

„Es war spannend und lustig zuzuschauen und mitzumachen: Manche von uns hatten nämlich noch nie mit Erde zu tun und sind ein bisschen zimperlich an die Sache rangegangen. Der Förster musste ziemlich grinsen und hat nur gesagt: ‚Das ist Erde – kein Gift!' Manchmal musste er ein paar Bäumchen retten, mit denen wir es zu gut gemeint hatten: Die Winzlinge schauten gerade noch mit der obersten Triebspitze aus der Erde raus … Halbschatten ist übrigens besonders gut für Baumzwerge, haben wir dabei gelernt, pralle Sonne dagegen finden sie ätzend."

Unsere Akademien finden in der Regel im Herbst oder im Frühjahr statt, also genau in den richtigen Jahreszeiten, um Bäumchen zu pflanzen. Natürlich können wir an unserem Akademie-Tag keine große Pflanzaktion veranstalten, aber wenn es irgendwie geht, gehen wir auch raus und pflanzen unter Anleitung von Fachleuten – am besten mit einem Förster – ein paar Bäumchen.
Oder wir topfen Setzlinge, also ganz junge Pflanzen, aus Setzkästen in Sisaltöpfe um, die dann später mitsamt ihren Sisaltöpfen eingepflanzt werden können. Natürlich können und werden wir Botschafter für Klimagerechtigkeit später nicht alle Bäume, für die wir uns eingesetzt haben, auch selber pflanzen. Aber es ist gut und wichtig, dass wir wissen, wie es gemacht wird.

Es geht aber natürlich auch darum, wie wir nach der Akademie möglichst große Pflanzaktionen auf den Weg bringen können!

## Modul 5: World Café

Oder: Wir sammeln Ideen, wie wir andere zum Mitmachen motivieren

„Als wir alle wieder einigermaßen saubere Finger hatten, sollten wir uns drinnen an vier verschiedenen Tischen in Gruppen aufteilen. Das Thema an unserem World-Café-Tisch war: **Wie erreichen wir, dass die Medien über uns berichten?** Weil meine Mutter im Gemeinderat ist, fand ich das natürlich besonders spannend ... Wir haben dann alle Ideen auf einem Plakat zusammengeschrieben. Nach kurzer Zeit haben dann alle vier Gruppen die Tische gewechselt und geschaut, welche Ideen die Kinder der anderen Gruppe zu ihrem Thema aufgeschrieben hatten. Auf unserem nächsten Tisch lag das Plakat **Wie motivieren wir die Erwachsenen (Lehrer, Eltern, Großeltern, ...)?** Dazu haben wir dann noch ein paar gute neue Ideen gefunden und aufgeschrieben. Dann haben wir noch zwei Mal gewechselt und an den anderen Tischen dasselbe mit dem Plakat **Wie organisieren wir eine Pflanzaktion?** und mit dem Thema **Wie begeistern wir Freunde und andere Schüler?** gemacht ... Es war wirklich erstaunlich, wie viele tolle Ideen dabei entstanden sind!"

Das World Café bietet uns die Möglichkeit, nacheinander in kleinen Gruppen verschiedene Fragen zu bearbeiten. An jedem Plakat können die bisher von den anderen Kindern gesammelten Ideen fortgeführt und durch eigene neue Einfälle ergänzt werden.



## Modul 6: Arbeit in Schulgruppen

Oder: Wir werden aktiv!

Die umfangreiche Sammlung unserer Ideen aus dem World Café benutzen wir als Grundlage für die nun folgende Arbeit in Schulgruppen. Hier versammeln sich alle Kinder aus einer Schule um ein Plakat, um konkrete Projekte zu erarbeiten: Wie wollen wir uns an unserer Schule für Plant-for-the-Planet engagieren? Um unsere Pläne auch wirklich umsetzten zu können, schreiben wir ganz genau auf „Was" wir planen, „Wer" von uns Kindern welche Aufgabe an unserer Schule übernimmt und „Bis wann" wir unsere Ziele erreicht haben wollen. Unsere Schulplakate sind nicht nur als Erinnerung für uns Kinder gedacht, sondern machen den Erwachsenen deutlich, dass es uns mit unserem Engagement für Klimagerechtigkeit ernst ist.

„Wir waren fünf Kinder von unserer Schule und überlegten gemeinsam, wie wir uns in Zukunft für Plant-for-the-Planet engagieren wollten. Im World Café hatten alle Kinder davor ja schon viele Ideen gemeinsam gesammelt. Dadurch fiel es uns nun ganz leicht, Aktionen für unsere Schule zu planen. Sarah übernahm die Organisation eines Plant-for-the-Planet Infostands auf unserem Schulfest kurz vor den Sommerferien. Über das Schulfest wollte Lisa dann einen Artikel schreiben, für den sie mit ihrer Tante, die im Gemeinderat ist, ein „Stop Talking. Start Planting"-Foto machen wollte. Die Zeit bis zum Schulfest war Antonia zu lang. Sie beschloss gleich in der kommenden Woche einen Vortrag über Plant-for-the-Planet und die Akademie zu halten. Schließlich sollten auch die anderen Kinder in der Schule mitbekommen, was es mit der Klimakrise auf sich hat. Leon und Niklas hatte das Bäumepflanzen so viel Spaß gemacht, dass sie die Organisation einer weiteren Pflanzparty übernahmen. Leon wurde Verantwortlicher für die Organisation von Pflanzen und das Werkzeug. Niklas wollte sich gleichzeitig um die Einladung von Kindern und Erwachsenen kümmern und dazu eine eigene Plant-for-the-Planet-Pflanzgruppe gründen sowie einen Eintrag auf die Internetseite stellen."

## Modul 7: Unser erster Vortrag
## Oder: Wir präsentieren den Erwachsenen unsere Ziele

„Lampenfieber hatte ich schon, als wir vor den vielen Erwachsenen präsentieren sollten, vor allem, weil so viele von unseren Lehrern da waren. Aber eigentlich wollte ich auch unbedingt gleich der ganzen Welt erzählen, was für spannende Sachen wir vorhaben [...] Nach diesem Akademie-Abend ging's bei uns an der Schule im wahrsten Sinne des Wortes mit großen Schritten voran ..."

Der krönende Abschluss der Akademie kommt aber noch: Hierzu laden wir immer möglichst viele Erwachsene ein (Eltern, Lehrer, aber auch schon mal den Bürgermeister), denen die neuen Botschafter für Klimagerechtigkeit alles präsentieren, was sie während der Akademie gemeinsam erarbeitet haben.

Das macht nicht nur stolz, sondern wir machen gemeinsam die Erfahrung, wie es ist, auch vor Erwachsenen für die eigenen Ziele einzustehen. Es ist übrigens eine ziemlich tolle Erfahrung, wenn man Erwachsenen etwas erklären kann, von dem sie vorher vielleicht noch gar nichts oder nur wenig wussten.

Den Erwachsenen präsentieren wir natürlich auch, was wir uns vorgenommen und auf unseren Schulplakaten festgehalten haben. Wir fordern sie auf, uns bei der Verwirklichung unserer Pläne zu unterstützen.

Am Schluss erhält jeder Teilnehmer eine Urkunde, die ihn oder sie als ausgebildeten Botschafter für Klimagerechtigkeit auszeichnet. Wir versprechen mit dieser Auszeichnung, uns einmal im Monat für Plant-for-the-Planet zu engagieren, zum Beispiel: „Ich halte nächste Woche einen Plant-for-the-Planet Vortrag in der Schule …“ Oder: „Ich will vor dem Gemeinderat einen Klimavortrag halten …“ Oder: „Wir werden beim Turnerfest in unserer Stadthalle für die nächste Pflanzaktion sammeln …“ Oder: „Ich will erreichen, dass es an unserer Schule im nächsten Halbjahr eine Akademie gibt …“ Oder: „Ich will in meiner Stadt ein 100.000-Bäume-Versprechen erreichen …“ Oder: „Ich will erreichen, dass in unserem Landkreis 1.000 Bäume gepflanzt werden …“ Oder, oder, oder …

Zusätzlich zur Urkunde und unserem Plant-for-the Planet T-Shirt bekommen alle frisch gebackenen Botschafter eine Tasche mit vielen Materialien. Damit wird das Mitmachen kinderleicht und wir Kinder können uns in unseren Familien und in der Schule engagieren! Eins steht fest: Wenn ihr bei einer Akademie mitmacht, kann's danach so richtig losgehen!

**Übrigens: Seit es Plant-for-the-Planet gibt, wurden bereits über 3.500 Botschafter für Klimagerechtigkeit ausgebildet und das nicht nur in Deutschland, Österreich und der Schweiz, sondern in insgesamt elf Ländern, darunter sogar China!**

*Zum ersten Mal haben wir 2008 über Plant-for-the-Planet bei einem Treffen von unserem ökologischen Schulclub gehört. Zwei Schülerinnen aus unserer Schule, Zaneta und Sofja, sind da gerade aus Norwegen zurückgekommen, wo sie Polen bei der UNEP Kinder- und Jugendkonferenz vertreten haben. Es waren wohl total viele Kinder da, an die 700, aus 105 verschiedenen Ländern! Zaneta und Sofja haben uns über einen deutschen Jungen in kurzer Lederhose erzählt, der in seinem Land ganz viele Bäume pflanzen will. Er wurde in den UNEP Kindervorstand gewählt und ist den Mädels gut in Erinnerung geblieben – weil er, obwohl er der Kleinste und der Jüngste war, immer was zu sagen hatte und dabei sehr überzeugend klang.*

*Ein Jahr später sind dann Milena und ich auf der UNEP Kinder- und Jugendkonferenz in Südkorea gewesen und haben die Präsentation von Felix gesehen. Als ich am Ende des Vortrags „Wer auch eine Million Bäume in seinem Land pflanzen will, kommt auf die Bühne!" gehört habe, dachte ich zuerst: Natürlich würde ich gerne eine Million Bäume in meinem Land pflanzen ... aber wie ist das möglich? Dann habe ich gesehen, wie viele Kinder auf die Bühne gehen, und dachte mir: Mit anderen Kindern wird es möglich sein! In Polen gibt es sicherlich auch ganz viele Kinder, die sich anschließen und mit anpacken werden, also stand ich auf und ging.*

*Seitdem ist unheimlich viel passiert und ich bin immer fester davon überzeugt, dass es klappt.*

*Natalia*

# 4. Unsere Vision

**Wir sind Kinder einer Welt ...**
Oder: Unsere globale Pflanzgemeinschaft 98

**Wir Kinder sind Weltbürger und Weltpolitiker ...**
Oder: Als Weltbürger denken und die weltweiten Probleme anpacken 104

**Was würden wir Kinder tun?**
Oder: „Unser 3-Punkte-Plan zur Rettung unserer Zukunft" 109

„Ein Moskito kann nichts gegen ein Rhinozeros ausrichten, aber Tausende Moskitos können das Rhinozeros dazu bringen, die Richtung zu ändern."

Jule (13), Botschafterin für Klimagerechtigkeit aus Bremen

# Wir sind Kinder einer Welt ...

## Oder: Unsere globale Pflanzgemeinschaft

Plant-for-the-Planet begann 2007 als Pflänzchen in Deutschland; es sprießt und wächst mittlerweile in aller Welt. Seit Felix 2009 in Südkorea alle Kinder und Jugendlichen auf die Bühne gerufen hat, die eine Million Bäume in ihrem Land pflanzen wollen, sind wir eine richtig globale Bewegung!

Die Aufgaben, die sich uns Botschaftern für Klimagerechtigkeit rund um die Welt stellen, sind im Prinzip die gleichen, auch wenn es im Detail natürlich Unterschiede gibt. Aber im Grunde ist es unsere Aufgabe, von A wie Argentinien bis Z wie Zypern Bäume zu pflanzen, aufzuklären und dadurch Bewusstsein zu schaffen. Bereits heute sind Kinder aus über 70 Ländern aktiv und es gibt schon zahlreiche Pflanzgruppen und Berichte auf unserer Website.

Über die Aktivitäten in anderen Ländern werden wir über unsere Website informiert. Hier laden die internationalen Pflanzgruppen ihre neuen Pflanzaktionen und Events hoch und teilen sie so mit dem Rest der Welt. So entstehen nicht nur weltumspannende Aktionen, so entstehen auch Freundschaften. Es ist toll, wenn man (zum Beispiel) als Botschafter für Klimagerechtigkeit in Duisburg übers Internet Fotos von Baumreihen in Afrika sehen kann, die von Kindern aus unserem Netzwerk gepflanzt wurden.

Die Rückmeldungen und Berichte von Plant-for-the-Planet Gruppen aus aller Welt sind schon heute so zahlreich, dass wir für dieses Buch nur eine kleine Auswahl treffen konnten. Fotos und Berichte aus den Ländern, die bereits dabei sind, findet ihr außerdem auf der jeweiligen Plant-for-the-Planet Homepage des Landes im Internet.

## Mexiko

Nach einem Vortrag von Felix in Playa del Carmen in Mexiko im März 2010 hat sich in Mexiko eine starke Bewegung entwickelt. Alleine im Bundesland Quintana Roo wurden sieben Plant-for-the-Planet Clubs gegründet, die sehr aktiv Bäume pflanzen und Akademien organisieren. Innerhalb von 4 Monaten haben die Kinder der mexikanischen Clubs mehr als 50.000 Bäume gepflanzt, mehrere Akademien veranstaltet und waren in weit mehr als 50 Medienbeiträgen vertreten. Und das ist erst der Anfang.

Am 20. April 2011 hat der Stadtrat von Playa del Carmen die Aktivitäten der mexikanischen Kinder von Plant-for-the-Planet anerkannt und lud sie im Rahmen einer Konferenz zum Tag der Erde in das Rathaus ein. Zum Schluss übergab Felix den Botschaftern für Klimagerechtigkeit der sieben Plant-for-the-Planet Clubs von Quintana Roo ihre Urkunden.

In einem persönlichen Gespräch mit der Senatorin Ludivina Menchaca diskutierten am 23. April 2011 in Cancun einige Botschafter für Klimagerechtigkeit von Quintana Roo die Chancen der jungen Menschen vor dem Hintergrund von Armut und der Klimakrise. Die Kinder und Jugendlichen repräsentierten die sieben Plant-for-the-Planet Clubs von Cancun, Chetumal, Cozumel, Playa del Carmen, Puerto Aventuras, Puerto Morelos und Tulum.

Die Senatorin war sehr beeindruckt und versprach, sich dafür einzusetzen, dass die Kinder von Plant-for-the-Planet ihre Pläne im mexikanischen Parlament im September 2011 präsentieren dürfen.

Ausgehend von Quintana Roo wollen die Kinder in jedem Jahr mindestens 2.000 neue Botschafter für Klimagerechtigkeit in 30 Akademien in ganz Mexiko ausbilden und sie motivieren, sich zu engagieren.

## Argentinien

*Vanina hat am 21. September in ihrem Bezirk eine Pflanzaktion auf die Beine gestellt: „Wir haben Arten gepflanzt, die in Patagonien heimisch sind: Nires, Coihues und Berberitzen. Alles Pflanzen aus unserer eigenen Baumschule! Am 10. Oktober hat der Daom Club aus Buenos Aires eine Baumpflanzaktion organisiert. Fast hundert Kinder und einige Eltern haben 50 Bäume in einer Gegend mit wenig Vegetation gepflanzt. Klasse!“*

## Aserbaidschan

*Rufat fährt im November nach Baku. Da findet das erste Kinderforum von Aserbaidschan statt, unterstützt vom Bildungsministerium. Rufat wird sich dafür einsetzen, dass die Plant-for-the-Planet Aktionen ganz nach oben auf die Tagesordnung kommen. In Aserbaidschan wollen die Kinder auch eine Akademie organisieren, um Botschafter für Klimagerechtigkeit auszubilden. Sie wollen gemeinsam ein Netzwerk der Kinder aus den verschiedenen Ländern aufbauen.*

## Bolivien

*„Wir machen auch bei Plant-for-the-Planet mit. Gott sei Dank stehen wir aber nicht ganz am Anfang; unsere Baumaktion ist schon 17 Jahre alt. Im kargen Hochland ist unser Wald auf 70.000 Bäume angewachsen. Im kommenden Pflanzjahr sollen 7.000 Bäume dazukommen …“*

## China

*China pflanzt die meisten Bäume auf der Welt. Chinas Forstminister Jia Zhibang und der chinesische Superstar Wei Wei unterstützen die Kampagne „Stop talking. Start planting.“ Im November 2009 hat die erste Akademie in China stattgefunden. 70 Kinder der Schule Nr. 1 in der Fünf-Millionen-Stadt Guilin waren begeistert von der Idee, ein weltweites Netzwerk aufzubauen, und pflanzten mit Felix und der Sängerin Wei Wei ihre ersten 26 Bäume auf ihrem Schulhof. Mit ihrer ersten Pflanzaktion sind die Kinder von Plant-for-the-Planet in China nicht nur auf die Titelseiten mehrerer Zeitungen, sondern sogar ins Fernsehen gekommen!*

### Kanada

*„Wir haben in Montreal schon 500 Bäume gepflanzt und dabei besonders auch auf Baumarten geachtet, die bedroht sind. Ich glaube, wir brauchen in Montreal auch deshalb Bäume, weil es hier zu viele Autos und zu wenig Grün gibt. Alles, was meine Stadt grüner macht, lohnt die Arbeit. Übrigens: In Kanada gehen die meisten Kinder im Alter von 13/14 Jahren einen Sommer in die entlegensten Gebiete zum Bäumepflanzen. Ich selbst habe Tausende gepflanzt – und dieses Jahr pflanzen wir auch wieder!“*

### Ägypten

*„Wir haben vom Gouverneur der Stadt Alexandria gerade die Bestätigung erhalten, dass wir alle 14 Tage 200 Bäume im Stadtgebiet pflanzen können!“*

### Ungarn

*„Unser Klima-Klub wird die Plant-for-the-Planet Aktivitäten koordinieren. Der Klub hat 11.000 Mitglieder und unser Ziel ist es, einen ‚Klimawald‘ zu pflanzen, in dem jedes Mitglied seinen eigenen Baum hat. Wir haben viele Schulen und auch Reporter eingeladen …“*

### Indien

*„Wir pflanzen in fünf Distrikten. Wir pflanzen aber nicht nur, wir arbeiten und informieren in den beteiligten Schulen über die Klimabedrohung. Wir sind gerade dabei, ein ‚Schnellpflanzprogramm‘ für Pfadfinder zu organisieren und kümmern uns speziell um trockenheitsangepasste Bäume fürs ländliche Indien … besonders auch um Schmetterlingsflieder in erosionsgefährdeten Gegenden …“*



### Senegal

*„In Birkama haben wir letztes Jahr Eukalyptusbäume gepflanzt, damit wir rund um den Sportplatz mehr Schatten haben. Die Bäume sind in einem Jahr mehr als zwei Meter gewachsen. Unsere Partnerschule in Berlin unterstützt uns. Von den Berlinern haben wir Anfang Dezember eine Spende bekommen, mit der wir noch mehr Bäume gepflanzt haben.“*

### Benin

*Mehr als 84 Schulen sind in Benin aktiv. „Im Jahr 2010 werden wir jeden Monat 5.000 Bäume pflanzen. Bis 2017 sollen es sogar 100 Millionen Bäume in allen Regionen von Benin sein!*

## Kamerun

Die Kinder von Little Angels of the Environment versprachen Bäume für Klimagerechtigkeit in Kamerun zu pflanzen. Versprochen ist versprochen: 50 Kinder pflanzten vom 29. bis 31. Juli am Strand von Kribi. Es halfen viele Erwachsene mit, sogar der Umweltminister ermutigte die Kinder, ihr Wissen und ihre Taten in ihren Schulen und Familien zu verbreiten.

## Nepal

*„Auch wenn unsere Pflanzen und Setzlinge jetzt noch klein sind – in zehn Jahren werden alle Menschen davon profitieren. Wir sind überwältigt vom Enthusiasmus und Engagement der Kinder“, so Rajan. Die Bäume werden nicht nur Kohlenstoff speichern, sondern auch die negativen Auswirkungen von Bodenerosion und Überschwemmungen mildern.*

## Kolumbien

*„In Kolumbien wollen wir Plant-for-the-Planet in der kleinen Stadt Minca und einer weiteren Stadt in den Bergen der Sierra Nevada de Santa Marta starten.“ Die Schüler wissen schon viel über Klimaveränderung, die Bedeutung der Bäume für den Klimaschutz und die Wichtigkeit ihres Regenwaldes. „Die Bäume sollen in unserer eigenen Baumschule gezüchtet und in der nächsten Regenzeit im Juni und Juli gepflanzt werden. Außerdem suchen wir eine Partnerschule in Deutschland. Wer hat Interesse?“ fragt Lydia.*

## Ghana

*„Als wir mit dem Schiff in Ghana landeten, haben wir eine Baumpflanzaktion auf die Beine gestellt und 240 Bäume gepflanzt. So konnten wir weitere Menschen und Organisationen in Ghana motivieren, auch künftig für Plant-for-the-Planet aktiv zu sein,“ schreibt uns Edeltraud.*

## Libanon

*„Jedes Jahr organisieren wir eine Pflanzaktion in Bekaa Valley, um die Entwaldung zu bekämpfen. Dieses Jahr haben wir 5.000 Nadelbäume auf dem Kab-Elias Berg gepflanzt, wo es letzten Sommer gebrannt hat. Bisher haben wir seit 2006 über 30.000 Nadelbäume in der Region Bekaa Valley gepflanzt,“ berichtet Nour.*

## Uganda

*„Die Diözese, auf deren Grund unsere Schule steht, besitzt in unserer Nachbarschaft ein freies Gelände. Auf dem können wir 14.000 Bäume pflanzen. Es wäre toll, wenn sich eine Partnerschaft zu einer deutschen Schule herstellen ließe …"*

## Sambia

*In Sambia wird auch schon kräftig gepflanzt: Lucky und viele andere – über 40 müssen es mindestens sein, denn die T-Shirts reichen nicht aus – wollen so viele Bäume pflanzen, wie sie können. Ihr Ziel: eine Million. Damit auch alle T-Shirts haben, wollen sie jetzt sogar schon selbst welche drucken.*

Das sind aber noch längst nicht alle Länder, in denen Plant-for-the-Planet Aktionen stattgefunden haben, gerade stattfinden oder geplant sind – da sind zum Beispiel auch noch **Armenien, Äthiopien, Australien, Bahrain, Bangladesch, Belgien, Belize, Bosnien und Herzegowina, Botswana, Brasilien, Brunei, Burundi, Cook-Inseln, Costa Rica, Dänemark, Demokratische Republik Kongo, Dominica, Dominikanische Republik, Ecuador, Fiji, Elfenbeinküste, Frankreich, Gambia, Griechenland, Guatemala, Haiti, Honduras, Indonesien, Irak, Island, Israel, Italien, Japan, Kasachstan, Kenia, Kirgisistan, Kuwait, Laos, Lettland, Lesotho, Liechtenstein, Litauen, Luxemburg, Madagaskar, Malaysia, Malta, Mazedonien, Mongolei, Mosambik, Myanmar, Namibia, Nicaragua, Niederlande, Nigeria, Norwegen, Österreich, Pakistan, Paraguay, Peru, Philippinen, Polen, Portugal, Rumänien, Russland, Samoa, Schweden, Schweiz, Seychellen, Simbabwe, Slowakei, Slowenien, Somalia, Spanien, Sri Lanka, St. Lucia, Südafrika, Südkorea, Suriname, Swasiland, Tansania, Syrien, Thailand, Trinidad und Tobago, Tschechische Republik, Türkei, UK, Ukraine, USA, Usbekistan, Vietnam …**

**Und das ist erst der Anfang!**

# Wir Kinder sind Weltbürger und Weltpolitiker ...

## Oder: Als Weltbürger denken und die weltweiten Probleme anpacken

„Reden allein stoppt das Schmelzen der Gletscher nicht und hindert die Regenwälder nicht am Verschwinden.“

Lea (13), Botschafterin für Klimagerechtigkeit aus Erlangen

Jeder Baum, den wir mit unseren eigenen Händen pflanzen, jeder Euro, den wir in einen Baum in den Ländern der südlichen Erdhalbkugel verwandeln, ist ein realer und wichtiger Beitrag, um der Klimakrise entgegenzuwirken. Wir freuen uns über jeden einzelnen Baum auf dieser Welt, der nicht gerodet, sondern gepflanzt wird!

**Aber wir sind nicht naiv.**

Wir glauben nicht, dass wir mit Bäumen *allein* die Welt retten. Damit wir in eine positive Zukunft sehen können, braucht es mehr. Viel mehr.

**Nachhaltige Entwicklung**
Nachhaltige Entwicklung ist die „Entwicklung, die den Bedürfnissen der heutigen Generation entspricht, ohne die Möglichkeiten künftiger Generationen zu gefährden, ihre eigenen Bedürfnisse zu befriedigen“. Wir Kinder definieren Nachhaltigkeit so: „Heute nicht auf Kosten von morgen und hier nicht auf Kosten von anderswo leben.“



Auf unserem letzten Treffen der Botschafter für Klimagerechtigkeit hat ein Kind von einer Sendung erzählt, in der über ein spannendes Tierexperiment berichtet wurde: Wenn man einen Affen „wählen“ lässt, ob er sofort *eine* Banane oder später *sechs* Bananen will, nimmt der Affe immer die eine Banane sofort.

Das ist ein guter Vergleich. Für uns Kinder ist Zukunft: 70, 80 oder sogar 90 Jahre, für viele Erwachsene vielleicht nur 20 oder 30 Jahre. Wenn die Erwachsenen nur ein bisschen so denken wie die Affen, dann sieht es schlecht aus mit unserer Zukunft. Denn wenn wir Menschen genauso kurzfristig denken und handeln wie Affen, dann wird doch jeder lieber heute gut leben wollen, als sich um die nächsten Generationen zu sorgen.

Wir Kinder brauchen Regeln - die Welt auch!

Auch wenn uns gewisse Regeln manchmal gar nicht „schmecken“: Wir Kinder *brauchen* Regeln, sonst würden wir wahrscheinlich keine Hausaufgaben machen, sondern die meiste Zeit mit Computerspielen verbringen. Erwachsene sind wohl irgendwie auch wie große Kinder. Deswegen sind wir Botschafter für Klimagerechtigkeit überzeugt, dass wir weltweite Regeln und Gesetze brauchen.

Im Kapitel „Was jeder tun kann“ habt ihr gelesen, dass jeder von uns eigentlich weniger Auto fahren, weniger fliegen, nur mit Deckel kochen, alle Glühbirnen durch Energiesparlampen ersetzen, weniger Fleisch essen, den Stromanbieter wechseln sollte, usw. Das sind alles freiwillige Maßnahmen. Aber wie viele Menschen machen das heute schon? Fünf, sechs, sieben Prozent? Dann machen es über 90 Prozent noch nicht. Und viele leben wahrscheinlich immer noch nach dem Motto: „Warum soll ich etwas für die nächste Generation tun? Ob ich das jetzt so oder so mache, ändert ja eh nichts.“

Nehmen wir das Beispiel der *Autos:* Als wir Kinder geboren wurden, haben die deutschen Autohersteller versprochen, keine Autos mehr zu bauen, die mehr als 120 Gramm $CO_2$ pro Kilometer ausstoßen. Das Versprechen haben sie gebrochen, und die literweise Sprit schluckenden Geländewagen, die auf unseren Straßen fahren, werden immer mehr. Auf der letzten UNEP Kinder- und Jugendkonferenz haben wir uns ausgetauscht und festgestellt, dass in Deutschland die Steuer auf einen Geländewagen viel niedriger ist als zum Beispiel in Frankreich, Großbritannien oder Norwegen. In Deutschland wird ein Großteil der Geländewagen als Geschäftswagen von der Steuer abgesetzt. Wer also ein großes Auto fährt, wird bei uns sogar noch vom Staat belohnt. Wir brauchen nur auf unsere Straßen zu schauen, dann sehen wir das Ergebnis dieser Regeln – oder besser das Ergebnis des *Fehlens* von Regeln: Bei uns in Deutschland fahren Hunderttausende von Geländewagen, in den anderen Ländern mit hoher Steuer viel weniger.



Oder nehmen wir den *Flugverkehr:* Wie beim Autoverkehr fehlen auch beim Flugverkehr die wichtigsten Regeln und Gesetze in Sachen $CO_2$. Das Flugbenzin für internationale Flüge ist weltweit steuerfrei. 2005 wollten die Finanzminister der EU europaweit eine Kerosinsteuer einführen, aber die Tourismusindustrie war dagegen. Schön – damit darf heute jeder extrem billig um die Welt fliegen. Nur für uns Kinder wird das einmal unglaublich teuer werden. Denn nicht nur, dass die Menschen meinen, sie müssten immer in die Ferien fliegen – wir transportieren auch sinnlos Güter rund um den Globus, nur weil der Transport billig ist. Viel zu billig eben. Keiner braucht unbedingt Erdbeeren im Winter!

Weil wir gerade beim *Essen* sind: Das Gleiche gilt für den Fleischkonsum. Unsere Großeltern haben ein Mal die Woche Fleisch gegessen. Heute ist das Fleisch so günstig, dass es sich vor allem in den reichen Ländern viele Menschen leisten können, jeden Tag Fleisch zu essen. Wenn wir weltweit Regeln vereinbaren, dass in jedes Produkt die $CO_2$-Kosten eingerechnet werden, dann wäre Fleisch viel teurer, und automatisch würden die Menschen weniger davon essen.

„Hätten die 10.000 Delegierten beim Weltklimagipfel in Kopenhagen eine Woche lang Bäume gepflanzt, wäre wahrscheinlich mehr dabei herausgekommen."

Felix (12), Botschafter für Klimagerechtigkeit aus Pähl

In den vielen Gesprächen und Diskussionen unter uns Botschaftern sind wir natürlich zu dem Schluss gekommen, dass wir uns einerseits alle klimaschonend verhalten und so viele Bäume wie möglich auf der ganzen Welt pflanzen wollen. Aber wir haben auch gelernt, dass wir einen großen Teil unserer Energie darauf verwenden müssen, dass wir weltweit die richtigen Regeln und Gesetze aufstellen – damit nämlich die Menschen, die noch nicht eingesehen haben, wie wichtig es ist, etwas gegen die Klimakrise zu tun, sozusagen dazu „gezwungen" werden.

## Wir sollten aus der jüngsten Geschichte lernen!

Wir Botschafter für Klimagerechtigkeit bekommen sehr wohl mit, was in dieser Welt passiert – nicht nur Erwachsene lesen Zeitung und verfolgen die Nachrichten. Wir haben dabei erlebt, dass unsere Regierungen wohl lieber den Banken und den Autokonzernen Geld geben als den Menschen, die das Geld viel dringender brauchen. Seit vielen Jahren wissen wir, dass jeden Tag 30.000 Menschen verhungern. Ein großer Teil dieser 30.000 verhungernden Menschen sind Kinder. Sie verhungern in einer reichen Welt.



Auf dem G8-Gipfel in Großbritannien im Jahr 2005, wo die Regierungschefs der acht reichsten Länder der Erde zusammenkamen, haben diese Regierungschefs feierlich versprochen, die Hilfe für Afrika bis zum Jahr 2010 zu verdoppeln. Das wären 30 Milliarden US-Dollar. In diesem Jahr bleibt die Hilfe für Afrika allerdings um 20 Milliarden Dollar zurück – ihr Versprechen haben sie also gebrochen. 20 Milliarden Dollar sind übrigens so ziemlich genau die Summe, die sich die Banker der Wallstreet* Ende 2009 als *Zusatz*gehälter (Boni) ausbezahlt haben – und das ein Jahr, nachdem der Staat ihre Banken mit Steuergeldern gerettet hat.

* So wird die New Yorker Börse genannt, die wichtigste Börse auf der Welt.

Wir Kinder haben uns gefragt, warum die Erwachsenen nichts gegen diese Ungerechtigkeit tun, sie lesen doch auch Zeitung! Anstatt den Menschen in den ärmeren Ländern zu helfen, müssen die jetzt auch noch am meisten unter den Folgen der Klimaerwärmung leiden, die wir in der reichen Welt verursachen.

Klimawandel ist neben Armut das Thema, das Kinder und Jugendliche heutzutage besonders stark beunruhigt.

3/4 der Kinder und Jugendlichen sehen in Armut und Klimawandel die beiden weltweit größten Herausforderungen.

2/3 der Kinder und Jugendlichen sehen durch das sich verändernde Klima die Existenz der Menschheit bedroht.

*Bertelsmann Studie 2009/ Shell Jugendstudie 2010*

Wir Kinder sind keine Klimaforscher. Wir verstehen weder das Finanzsystem noch das Wirtschaftssystem. Wir Kinder wissen nicht, ob die Klima*forscher* recht behalten werden oder die Klima*skeptiker*.
Niemand weiß heute, ob der Meeresspiegel bis Ende des Jahrhunderts um 0,2 oder 2,0 Meter ansteigen wird. Drei Dinge wissen wir Kinder aber sicher:

- Viele von uns werden gegen Ende dieses Jahrhunderts noch leben.
- Mit jeder Tonne Kohlenstoff, die wir in Form von Erdöl, Kohle und Erdgas aus der Erde holen und als $CO_2$ in die Atmosphäre gelangen lassen, verstärken wir den Treibhauseffekt.
- Wir hätten eigentlich heute schon die gesamte Technik, um Erdöl, Kohle und Erdgas weitgehend im Boden lassen zu können (natürlich auch Uran, denn wir Kinder wollen keinen tödlichen Atommüll).



Es kommt ja noch hinzu, dass wir Unmengen an Erdöl, Erdgas oder Kohle aus der Erde holen. Pro Tag ist das in etwa so viel, wie die Sonne in einer Million Tagen gespeichert hat. Das pusten wir seit Jahrzehnten in die Atmosphäre. Dadurch wird der Treibhauseffekt verstärkt und die Temperatur steigt. Durch diese Klimaerwärmung nehmen in manchen Regionen die Überschwemmungen zu und in anderen die Dürren. Am meisten werden die Menschen aus den armen Teilen der Welt unter den Folgen der Klimakrise leiden, obwohl sie selbst am wenigsten zur Klimaerwärmung beigetragen haben.

Warum handeln wir nicht so, wie wenn die Klima*forscher* Recht haben und alles vielleicht sogar noch viel, viel schlimmer wird? Wenn wir in 40 Jahren erfahren, dass es weniger schlimm wurde, dann freuen wir uns und haben nichts falsch gemacht. Wenn wir heute aber nicht handeln und als 50-Jährige erfahren, dass die Klima*skeptiker* falsch lagen, dann wird es zu spät sein für uns Kinder.

„Jede Generation braucht eine neue Revolution."

Thomas Jefferson (1743–1826, Präsident der USA)

## Was macht uns Mut?

Im Geschichtsunterricht haben wir gelernt, dass sich jede Gruppe ihre eigene Zukunft erkämpfen musste. Die Frauen mussten für ihre Rechte kämpfen, wie Wangari Maathai heute in Afrika oder vor ihr viele andere Frauen in ihren Ländern. Die Schwarzen mussten für ihre Rechte kämpfen, wie Martin Luther King in den USA oder Nelson Mandela in Südafrika. Wahrscheinlich bleibt uns Kindern nichts anderes übrig, als auch für unser Recht auf eine Zukunft zu kämpfen.

2007 waren wir erst eine Handvoll Kinder, heute, im Jahr 2011, sind wir erst ein paar Tausend und man nimmt uns noch gar nicht richtig wahr, aber in ein paar Jahren …

Auf der UNEP Kinder- und Jugendkonferenz in Südkorea im August 2009 haben 800 Kinder aus fast 100 Ländern eine Erklärung verabschiedet – für den Klimagipfel in Kopenhagen. Klar hat das erst mal nichts am Scheitern geändert, aber wir Kinder haben es geschafft, eine *gemeinsame* Erklärung zu formulieren.

# Was würden wir Kinder tun?

## Oder: Unser „3-Punkte-Plan zur Rettung unserer Zukunft"

Wir Kinder haben uns überlegt, was wir täten, wenn wir die Mächtigen der Welt wären, also z.B. die Regierungschefs, und auf den nächsten Klimagipfeln Entscheidungen treffen würden. Was würden wir tun, um unsere Zukunft zu retten? Unsere Ideen haben wir den Plant-for-the-Planet „3-Punkte-Plan zur Rettung unserer Zukunft" genannt.

„Wir werden es schaffen, die Ägypter schaffen es auch!"

Theo Elfaizy-Phillips (10) am 31. Januar 2011, dem 7. Tag der Ägyptischen Revolution nach einem Vortrag von Felix an einer Schule in New York

### 1. Kohlenstoff ins Museum.

Bis 2050 müssen wir Menschen den $CO_2$ Ausstoß auf Null senken. Die Technologie für eine $CO_2$-freie Zukunft gibt es längst. Mit der heutigen Technik ist es möglich, dass wir Menschen bis 2050 weltweit unsere Energie zu 100 Prozent aus erneuerbaren Quellen und ohne Atomkraftwerke gewinnen.

### 2. Armut ins Museum durch Klimagerechtigkeit.

Um die weitere Erwärmung auf die von den Regierungschefs in Kopenhagen versprochenen 2°C zu beschränken, dürfen bis 2050 nur noch 600 Milliarden Tonnen $CO_2$ ausgestoßen werden. Pusten wir mehr $CO_2$ raus, steigt die Temperatur über diese 2°C hinaus an. Wenn die Durchschnittstemperatur um mehr als 2°C steigt, könnte das Grönlandeis vollkommen schmelzen und damit der Meeresspiegel um 7 Meter ansteigen. Teilen wir 600 Milliarden Tonnen $CO_2$ durch 40 Jahre, ergibt das 15 Milliarden Tonnen $CO_2$ pro Jahr für alle. Zum Vergleich: In 2010 waren es 31 Milliarden Tonnen $CO_2$. Stellt sich nur die Frage, wie wir diese 15 Milliarden Tonnen $CO_2$ unter der Weltbevölkerung aufteilen? So wie heute, also 60 Prozent für die USA und Europa? Für uns Kinder gibt es nur eine Lösung: Jeder bekommt das gleiche, nämlich 1,5 Tonnen $CO_2$ pro Mensch und Jahr bei 9 bis 10 Milliarden Menschen in 2050.



Und was passiert mit denen, die mehr verbrauchen oder verbrauchen wollen? Ganz einfach: Wer mehr will, muss zahlen. Wenn ein Europäer weiter 10 Tonnen $CO_2$ rauspusten möchte, kann er das tun, muss aber das Recht dazu anderen Menschen, z.B. in Afrika, abkaufen, die nur 0,25 Tonnen $CO_2$ rauspusten. So sorgt das Prinzip der Klimagerechtigkeit dafür, dass auch die Armut ins Museum kommt. Denn mit dem Geld können die Afrikaner in Ernährung, Ausbildung und medizinische Versorgung investieren. Sie müssen auch nicht die gleichen Fehler machen wie wir mit Kohle, Erdöl und all den anderen fossilen Energieträgern, sondern können ihre Energie direkt mit Hilfe der Sonne und anderen erneuerbaren Quellen generieren. So müssen die Menschen in den ärmeren Ländern nicht dieselben dummen Fehler machen wie wir.

2°C mehr klingt wenig, wird aber schon große Veränderungen für uns Kinder bedeuten. Welche genau, das weiß heute noch keiner. Wir wissen nur, dass in manchen Erdregionen einmal zwei Kilometer Eis lagen, als die Durchschnittstemperatur um 5°C niedriger war als heute. Selbst wenn wir bis 2050 unter 600 Milliarden Tonnen $CO_2$-Ausstoß bleiben, ist es nur zu 75 Prozent sicher, dass die Durchschnittstemperatur unter 2°C plus bleiben wird. Hundertprozentig weiß das keiner.

„Kinder und Jugendliche wollen [...] selbst aktiv werden. Wichtig ist ihnen dabei vor allem, dass ihre Freunde mit von der Partie sind und dass die gute Tat Spaß macht. Sie wollen etwas lernen und zeigen, dass sie etwas können. Viele Kinder und Jugendliche würden wohl mehr tun, wenn man ihnen nur das Richtige böte."

Gerhard de Haan, Pädagoge, Deutsche UNESCO-Kommission

## 3. 1.000 Milliarden Bäume pflanzen.

Wir wollen die bestehenden Wälder schützen und Milliarden neue Bäume pflanzen. Insgesamt 1.000 Milliarden. Es gibt auf der Erde noch eine Milliarde Hektar an Fläche, die bewaldet werden kann, also 10.000 Milliarden Quadratmeter Fläche, die nicht in Konkurrenz zu anderer Nutzung steht. Wenn wir in Quadratmeter umrechnen, können wir uns besser vorstellen, wie viele Bäume wir pflanzen können. Man pflanzt ja viele Setzlinge auf einen Quadratmeter und der Wald verjüngt sich später, d.h. nicht jeder Setzling wird später auch zu großen mächtigen Bäumen.

1.000 Milliarden Bäume klingt sehr viel, es ist eine Eins mit zwölf Nullen, aber einige Beispiele zeigen, dass es möglich ist: Die Chinesen pflanzten im Jahr 2009 im Rahmen der UNEP-Billion Tree Campaign 2,7 Milliarden Bäume; wenn sie die nächsten 40 Jahre so weiterpflanzen, schaffen die Chinesen alleine 100 Milliarden. Die US-Amerikaner schafften es in zehn Jahren zum Mond, also warum sollte es uns nicht gelingen, das größte Weltaufforstungsprogramm der Menschheit umzusetzen?



Warum wollen die Erwachsenen das $CO_2$ in die Erde pressen und das Ganze dann CCS nennen? CCS bedeutet Carbon Capture and Storage – auf Deutsch $CO_2$-Abscheidung und -Speicherung. Bei CCS weiß keiner, ob es jemals klappen wird und niemand kann sicher sein, ob es nicht gefährlich ist, das $CO_2$ in die Erde zu pressen. Wird es da für immer bleiben? Was, wenn nicht? Wer will in der Nähe von $CO_2$-Endlagern leben? Viele offene Fragen ... Manchmal sind die Erwachsenen wirklich schwer zu verstehen! Warum nutzen sie nicht das seit Jahrmillionen bewährte CCS über die Bäume? Bäume pflanzen ist kinderleicht und wir können das „C" in Bäumen, aber auch Holzmöbeln, Holzhäusern, usw. für viele Jahrzehnte speichern. Die Erwachsenen wollen viel Geld in die Forschung von CCS investieren. Warum investieren wir nicht genauso viel Geld in die Aufforstung, ein seit

Jahrmillionen funktionierendes CCS? Wenn jeder Mensch auf unserer Erde in den nächsten zehn Jahren 150 Bäume pflanzen würde, wären das 1.000 Milliarden Bäume. Wer keinen Platz in der Umgebung findet, kann die Bäume auch in den Ländern des Südens pflanzen. In den tropischen Regionen wachsen die Bäume schneller und binden damit mehr $CO_2$. Es ist also gar nicht so schwer und unmöglich schon gar nicht.

Diese 1.000 Milliarden Bäume werden als zusätzlicher Kohlenstoffspeicher jedes Jahr zusätzlich 10 Milliarden Tonnen $CO_2$ binden. Diese 10 Milliarden Tonnen $CO_2$ sind aus vielen Gründen extrem wichtig für die Umsetzung der anderen beiden Punkte unseres 3-Punkte-Plans. Diese zusätzlichen 10 Milliarden Tonnen $CO_2$ durch zusätzliche Bäume werden wir dringend benötigen. Sie sind so etwas wie ein Zeitjoker, der uns einen kleinen zeitlichen Puffer verschafft, um unseren $CO_2$ Ausstoß zu verringern. Statt der 15 Milliarden Tonnen $CO_2$, die wir Menschen nach unserem Plan im Jahr ausstoßen dürften, pusteten wir im Jahr 2010 nämlich 31 Milliarden Tonnen $CO_2$ in die Luft. Im Jahr 2010 haben wir im Vergleich zu 2009 den Ausstoß um 5 Prozent gesteigert und nicht gesenkt!
Wenn wir jedes zukünftige Jahr den Ausstoß um 5 Prozent steigern, wie 2010 geschehen, dann hätten wir schon im Jahr 2024 unser Budget der 600 Milliarden Tonnen $CO_2$ aufgebraucht. Wenn wir 2011 und alle nächsten Jahre den Ausstoß nicht noch weiter steigern würden, d.h. ihn auf 31 Milliarden Tonnen $CO_2$ halten würden, hätten wir unser Budget der 600 Milliarden Tonnen $CO_2$ bereits im Jahr 2029 aufgebraucht – und damit die Erde um 2°C erwärmt.
Beides darf nicht passieren – und die Bäume sind ein wichtiger Schritt, um etwas dagegen zu tun!

„Wir wissen, was zu tun ist; es geht um ungeheuer viel. Die Bürger und Politiker der ganzen Welt [...] werden jetzt entscheiden, ob wir die internationale Sichtweise, das Engagement und die Zusammenarbeit schaffen und aufrechterhalten können, die es uns erlauben, uns der Herausforderung eines gefährdeten Planeten zu stellen."

Nicholas Stern, Ökonom und Berater der britischen Regierung

## 1.000 Milliarden Bäume weltweit – der millionste Baum in Deutschland

1.000 Milliarden Bäume schaffen wir Kinder natürlich nicht alleine, dazu brauchen wir die Hilfe der Erwachsenen. Aber wir Kinder haben schon mal angefangen und pflanzen eine Million Bäume in jedem Land der Erde.
Den millionsten Baum in Deutschland haben wir Kinder nach nur drei Jahren geschafft! Schon am 4. Mai 2010 haben wir ihn auf dem Petersberg bei Bonn zusammen mit den Umweltministern aus Dänemark, Deutschland, Kanada, Mexiko und der Türkei gepflanzt.
Die Umweltminister kamen in Bonn zusammen, um beim sogenannten „Petersberger Klimadialog" COP 16, den Klimagipfel in Cancún im Dezember 2010 vorzubereiten.

Am 4. Mai 2010 auf dem Petersberg bei Bonn

Wir haben die Umweltminister dort alle auch zu Botschaftern für Klimagerechtigkeit auf Lebenszeit ernannt und ihnen gezeigt, wie wichtig es für uns Kinder ist, dass sie sich in Cancún, in Südafrika und in Zukunft immer für einen Weltvertrag basierend auf Klimagerechtigkeit einsetzen.

# Die Regierungschefs

Damit die Regierungen der ganzen Welt über unseren Plant-for-the-Planet 3-Punkte-Plan zur Rettung unserer Zukunft und unsere Lösungsvorschläge diskutieren können, haben wir unseren Plan an alle Regierungschefs der Welt geschickt. Um sicher zu gehen, dass die Briefe auch ankommen und auch um Porto zu sparen, haben wir Kinder sie den Regierungschefs in den Hauptstädten direkt übergeben. Den Rest haben wir am 1. Juli 2010 in den Botschaften in Berlin abgegeben.

Hier übergeben wir den an US-Präsident Barack Obama adressierten Brief an den Mitarbeiter der US-amerikanischen Botschaft in Berlin

Unser Brief an die Regierungschefs hatte folgende Frage als Überschrift: „Habt ihr Pläne für die Rettung unserer Zukunft?". Alle Antworten findet Ihr auf unserer Website. So können wir Kinder der Welt sie lesen, kommentieren, diskutieren und uns eine Meinung bilden.

Wir Kinder waren überzeugt, dass mindestens die Hälfte der Regierungschefs antworten würde. Es haben aber nur elf der knapp 200 Regierungen geantwortet, nämlich die aus Angola, Burkina Faso, Dänemark, Deutschland, Kanada, Libanon, Malta, Marokko, Mexiko, Schweden und der Schweiz. Manche Antworten waren auch sehr vage, enthielten viel Blabla und wenig Konkretes. Wir waren schockiert. Ist den Regierungschefs unsere Zukunft wirklich so wenig wichtig? Liegt es also wirklich an uns Kindern unsere Zukunft selbst zu retten? Wer sonst könnte uns Kindern bei unserem Kampf zur Rettung unserer Zukunft noch helfen?

Unseren Brief haben wir – natürlich auf Englisch – an alle Regierungschefs der Welt verschickt.

**STOP TALKING START PLANTING**

Plant-for-the-Planet Foundation
Kreuzeckstrasse 2
82396 Paehl, Germany

phone: +49 (0)8808 9345
fax: +49 (0)8808 9346

info@plant-for-the-planet.org
www.plant-for-the-planet.org

Plant-for-the-Planet Foundation, Kreuzeckstraße 2, 82396 Paehl

President of the United States
Barack Hussein Obama
The White House
1600 Pennsylvania Avenue NW
20500 Washington, DC
USA

July 1st 2010

**Do you have plans to save our future?**

Dear President Obama,

After the shocking results of Copenhagen we children want to avoid the same to happen in Cancún. Therefore we children made a global consultation, stating how we would solve the problems if we were the Heads of Governments. We identified a three point program:

1. We have to bring carbon into the museum and go down to zero $CO_2$-emission until 2050.
2. We have a limited amount of carbon dioxide left that we can exhaust within the next 40 years. This is 600 billion tons of $CO_2$. We have to accept this, if we don't want to wreck our future and go over the 2°C as you promised. 600 divided by 40 is 15 billion tons of $CO_2$ per year. Now we have to decide how we will distribute this among the world's population. For us children there is only one answer: Everybody gets the same and that would be 1.5 tons $CO_2$ per person per year. We call this Climate Justice. Who wants more, pays. With Climate Justice we can also bring poverty into the museum.
3. Let's plant 500 billion trees! These trees will absorb additional 5 billion tons of $CO_2$ every year. 500 billion trees sounds like a huge amount, but it is possible as the Chinese planted 2.7 billion trees as contribution to the UNEP-Billion Tree Campaign in 2009. If everybody plants as many trees as he or she is old in years, then we will also reach the 500 billion trees.

We children have had long discussions if we would follow the scientists or follow the climate skeptics – but then we ended up with one simple answer: If we follow the scientists and in 40 years we find out that they were wrong we did not make a mistake. But if we follow the skeptics and find out that they were wrong it is too late for our future.
Do you have plans to save our future? We would like to receive an answer from you and your colleagues from all over the world by 30th of September 2010 as we children will meet in October to consult all solutions and replies. Let's work close together to prepare a positive outcome in Cancún!

Stop Talking. Start Planting.
Kind regards,

Felix Florina Franziska Szesima Karoline Clara
Paulao Leander Max

Trees for Climate Justice

The Plant-for-the-Planet Foundation is coordinated by the Children Council:
Alina, Clara, Felix, Franziska, Jona, Josia, Joy, Julian, Jule, Karoline, Lea, Leon, Liam, Max, Melik-Sina, Merle, Mira, Moritz, Niklas, Raphael, Rufat, Szesima

Account Number 212 0000 212 - Bank Code 251 205 10 - Sozialbank
BIC BFSWDE33HAN - IBAN DE12 2512 0510 212 0000 212

Yugratna – Vizepräsidentin des Weltvorstands von Plant-for-the-Planet – hält eine Rede vor der UN

# Die Vereinten Nationen

Klima kennt keine Grenzen und die weltweite Klimakrise kann ja auch nicht von einem einzelnen Regierungschef gelöst werden. Vielleicht, so haben wir die Regierungschefs der Vereinten Nationen entschuldigt, war der einzelne Regierungschef, die einzelne Regierungschefin ja auch schlicht überfordert. Die Regierung ist ja nur ihrem eigenen Volk gegenüber verantwortlich, das sie auch gewählt hat. Dieses Volk soll die gleiche Regierung ja in ein paar Jahren auch wiederwählen. Also wird eine Regierung nichts tun, was eine Wiederwahl gefährden könnte. Ist die Völkergemeinschaft, sind die Vereinten Nationen vielleicht die richtige Adresse für unseren 3- Punkte-Plan zur Rettung unserer Zukunft? Wir fassten wieder neuen Mut.

Wann treffen sich die Regierungschefs, um über die Rettung der Zukunft von uns Kindern zu sprechen?
Wir suchten auf der Website der Vereinten Nationen, der UNO, welche Unterorganisationen der UNO an unserem 3-Punkte-Plan interessiert sein könnten. Neben der UNO selbst mit Ihrer Vollversammlung in New York, fanden wir mehrere Unterorganisationen, die für uns Kinder wichtig sein könnten:

- Die UNEP, das Umweltprogramm der Vereinten Nationen, das in Nairobi/Kenia sein Hauptbüro hat.
- Die UNFCCC mit Sitz in Bonn in Deutschland. UNFCCC – man spricht das „UN triple C“, übersetzt „dreifach C“ – ist die Abkürzung für Rahmenübereinkommen der Vereinten Nationen über Klimaänderungen*
- Die CBD sitzt in Montreal in Kanada. „CBD“ steht für Biodiversitäts-Konvention, ein Übereinkommen über die biologische Vielfalt.
- Die UNFF, das Waldforum der UNO. Sie sitzt in New York City, USA.

* UNFCCC auf Englisch heißt: United Nations Framework Convention on Climate Change.

Diese vier waren fürs Erste schon genug. Mehr konnten wir im ersten Jahr sowieso nicht schaffen. Alle diese Organisationen veranstalten regelmäßige Treffen und laden die Regierungen und die Regierungschefs dazu ein. Wir fanden einige für uns wichtige Veranstaltungen heraus.

## UNEP

Gut, dass es die UNEP gibt. Sie koordiniert alle Umweltaktivitäten der UNO. Ihr jetziger Chef, Achim Steiner und sein Team haben auch zusammen mit Wangari Maathai und Fürst Albert II von Monaco die Billion-Tree-Campaign gestartet. Wangari Maathai hat Felix angesteckt, Felix wiederum hat uns Kinder infiziert, wir Kinder haben wieder viele andere Kinder angesteckt und diese Kinder wieder andere Kinder usw. usw.

Der erste Chef der UNEP, Klaus Töpfer, ist auch der Schirmherr unserer Schülerinitiative Plant-for-the-Planet. Er hat in seiner Amtszeit als UNEP-Chef für die Kinder der Welt ein UNEP-Junior-Board eingerichtet. In dieses Junior Board wählen die Kinder alle zwei Jahre einen Vertreter für jeden Kontinent der Welt. Außerdem veranstaltet die UNEP jedes Jahr eine weltweite Kinderkonferenz. An dieser nehmen viele Hundert Kinder manchmal aus über 100 Ländern der Welt teil. Diese Treffen sind wirklich cool. Du triffst Kinder aus der ganzen Welt und stellst fest, dass sie genauso denken wie Du und sich genauso um die Zukunft und die Umwelt Sorgen machen wie Du selbst auch. Du kannst dort Freundschaften knüpfen und Dich vernetzen. Melde Dich unter www.unep.org/tunza an, wenn Du am nächsten Treffen teilnehmen möchtest. Die UNEP unterstützt auch die drei anderen UNO-Unterorganisationen.

Wer mitmachen möchte: einfach bei der UNEP anmelden! Oder: E-Mail an uns!

## UNFCCC: Die Klimagipfel

Die Treffen der Regierungen heißen Conference of Parties, auf Deutsch: Konferenz der Parteien, also der Länder der Welt. Der Klimagipfel in Kopenhagen 2009 war COP15. Er war also die 15. UN-Konferenz zum Thema Klima. Diese Klimakonferenz findet jedes Jahr im Dezember an einem anderen Ort der Welt statt. Veranstalter ist die UNFCCC aus Bonn.

Die COP3 war 1997 in Kyoto, einer Stadt in Japan. Bekannt wurde Kyoto durch das Ergebnis von COP3, nämlich das sogenannte Kyoto-Protokoll. Im Kyoto-Protokoll haben viele Regierungen Regeln vereinbart, die festlegen sollen, um wie viel Prozent jedes Land seine Treibhausgase bis 2020 zu reduzieren hat. Allerdings läuft das Kyoto-Protokoll 2012 aus.

Und das Schlimmste ist, dass der Klimagipfel in Kopenhagen im Jahr 2009 gescheitert ist: Die Regierungen der Länder haben sich nicht auf ein Nachfolgeabkommen für das Kyoto-Protokoll einigen können. Über 100.000 Menschen aus der ganzen Welt waren nach Kopenhagen gekommen, auch viele Jugendliche. Sie waren sehr enttäuscht und wütend. Auf dem nächsten Treffen COP16 im Dezember 2010 in Cancun, Mexiko trugen die Jugendlichen T-Shirts mit dem Aufdruck: „Ihr verhandelt jetzt schon länger als wir alt sind – erzählt uns nicht, dass Ihr noch mehr Zeit braucht!" Doch auch in Cancun kam nicht wirklich etwas Konkretes heraus. Die Erwachsenen haben versucht, die Scherben, die sie in Kopenhagen angerichtet haben, wieder zusammenzukleben. Bewegend war in Cancun, dass einige Inselstaaten erklärt haben, dass sie das 2°C-Ziel nicht unterstützen können, weil ihre Inseln bei einem Tempera-

Bei der UNEP Kinderkonferenz in Südkorea 2009 nach Felix' Satz: „Wer auch eine Million Bäume in seinem Land pflanzen will, kommt auf die Bühne".

Ecuadors Präsident Rafael Correa pflanzt mit uns Kindern und macht mit Alessa aus Mexiko das Kampagnenbild.

turanstieg von 2°C wegen des Anstieg des Meeresspiegels bereits untergegangen sein werden: Sie haben die anderen Regierungen um Verständnis gebeten, dass sie nur einen maximalen Temperaturanstieg von 1,5°C als Ziel unterstützen könnten.

Während COP16 (Cancun) haben wir Kinder alle Minister und Regierungschefs eingeladen, zusammen mit uns Kindern direkt neben dem Eingang zum Konferenzgebäude für jedes Land einen Baum zu pflanzen. Rafael Correa, Präsident von Ecuador, war der einzige Regierungschef, der mit uns zusammen den Baum gepflanzt hat. Aber zum Klimagipfel in Cancun waren sowieso nur sehr wenige Regierungschefs persönlich gekommen. Ein Dutzend Minister pflanzten den Baum ihres Landes mit uns und die restlichen Bäume pflanzten Delegierte – insgesamt waren es 193 Bäume. Es wäre doch eine coole Idee, wenn zu Beginn jeder Konferenz die Erwachsenen für jeden Teilnehmer, für jedes teilnehmende Land, für jede teilnehmende Partei mindestens einen Baum zusammen mit uns Kindern pflanzen würden. Vielleicht denken die Erwachsenen, während sie auf der Konferenz Entscheidungen treffen, dann mehr an die Zukunft von uns Kindern.

COP17 in Durban, Südafrika im Dezember 2011 ist ein wichtiger Termin. Wenn auch Durban scheitert, wird es ab 2012 keine verbindlichen Vereinbarungen zur Reduzierung der Treibhausgase geben. Wenn es aber keine weltweiten Regeln gibt – also keine Kerosinsteuer für internationale Flüge, keine Höchstgrenzen für die Emissionen von Autos, keine Verbote zur Abholzung des Regenwaldes, keine strengen Vorgaben und Verbote für Kohlekraftwerke etc. – kurz: wenn es keinen

Preis für $CO_2$-Ausstoß geben wird, dann wird es auch keine Klimagerechtigkeit geben, und jeden Tag wird unsere Zukunft ein Stück mehr zerstört.

Wenn die Regierungschefs im Dezember 2011 zum UN-Klimagipfel ins südafrikanische Durban kommen, werden schon viele Kinder auf sie warten. Wir Kinder werden Bäume pflanzen.

## CBD: Artenvielfalt

Alle zwei Jahre treffen sich die Regierungen, um über die Biodiversitätskrise zu sprechen, denn jeden Tag sterben 180 Tier- und Pflanzenarten aus. Aussterben heißt: für immer dahin. Im Oktober 2010 fand das zehnte Treffen im japanischen Nagoya statt, die COP10. Diese Konferenz war erfolgreich und endete mit einem Nagoya-Protokoll. Zum elften Treffen, COP11, laden die Inder im Jahr 2012 ein.

Francesco aus Südafrika und Annie aus Kanada stellen zusammen mit zwei japanischen Kindern die Sicht der Kinder dieser Welt auf COP10, der Konferenz zur Artenvielfalt (Biodiversität), im japanischen Nagoya vor.

## UNFF: Das Waldforum

Als die Regierungen zum Start des Internationalen Jahr des Waldes im Februar 2011 in New York in der UNO-Vollversammlung zusammenkamen, nutzten wir die Gelegenheit und stellten ihnen unseren 3-Punkte-Plan und weitere Ideen vor. Das Video und den Redetext findest Du auf unserer Website. Die Rede haben wir genannt: „Von Wäldern, Affen und Moskitos." Felix hat das Bananen-Experiment mit den Affen angeführt und hat an die Kinder der Welt appelliert, dass tausend Moskitos ein Rhinozeros dazu bringen können die Richtung zu ändern.

Im Februar 2011 präsentieren wir auf der UNO-Vollversammlung zu sechst unseren 3-Punkte-Plan zur Rettung unserer Zukunft.

# Die Parlamente

Der Schock der wenigen Reaktionen der Regierungschefs auf unseren Brief hat uns angestachelt, über alternative Wege nachzudenken: Also haben wir uns zusammengesetzt und überlegt, wie wir weiter vorgehen können. Wenn sich die Regierungschefs nicht für unsere Vorschläge interessieren, dann müssen wir uns eben selbst darum kümmern, dass diejenigen Gesetze erlassen werden, die wichtig für unsere Zukunft sind. Die Gesetze werden in den meisten Ländern von den Parlamenten erlassen. Das sind die zumeist demokratisch gewählten Vertreter des Volkes, die die Gesetze beschließen. Das einfachste wäre doch, wenn die Parlamente beschließen, dass jeder Bürger ihres Landes 150 Bäume in den nächsten zehn Jahren pflanzen soll. Ein sehr einfaches Gesetz. Das können auch Gemeinde- und Stadträte entscheiden. Wenn ein Land schon so viele Bäume hat, dass es keine weiteren im eigenen Land pflanzen kann, dann sollen die Bürger eben in den Ländern des Südens pflanzen. Viele Gemeinden haben Partnerstädte, viele Schulen haben Partnerschulen, viele Unternehmen haben Filialen in anderen Ländern, es gibt das Internet und die Reicheren und die Ärmeren sollen zusammenarbeiten und untereinander ausmachen, wie sie sich helfen können. Die ärmeren Länder des Südens haben etwas sehr Wertvolles zu bieten, nämlich die Tropen, in denen Bäume gleich doppelt und dreifach so schnell wachsen als z.B. in Europa und damit viel mehr $CO_2$ binden.

Wir haben lange diskutiert, ob die reichen Länder nicht fünfmal so viele Bäume pflanzen, und damit für die ärmeren Länder mitpflanzen sollten. Wir haben dann aber entscheiden, dass das die Bürger der Welt selbst untereinander ausmachen sollten. Wozu gibt es das Internet? Bäume pflanzen kann schließlich jeder, egal ob arm oder reich, das haben wir von Wangari Maathai gelernt. Und es ist viel besser, haben wir gedacht, wenn hier alle Menschen der Welt gleich sind, Weltbürger eben.

Das Parlament des Bundesstaates Quintana Roo in Mexiko war das erste Parlament, das uns Kinder eingeladen hat. Das war eine große Ehre, denn noch nie hatte ein Nicht-Kongress-Mitglied vor dem Kongress sprechen dürfen. Und dann gleich ein Kind! Wir haben die Chance genutzt. Am 22. April 2011 haben wir zum ersten Mal unseren Vorschlag für ein Gesetz unterbreitet, wonach jeder Bürger 150 Bäume pflanzen soll. Quintana Roo liegt direkt am Meer und jeder Meter, den der Meeresspiegel ansteigt bedeutet für viele Menschen, dass sie ihr Zuhause verlieren.

Kinder sprechen vor dem Kongress von Quintana Roo in Mexiko

Als wir im Mai 2011 in Liechtenstein die erste Akademie abgehalten haben, haben wir gleich vorgeschlagen, dass das Parlament von Liechtenstein die Steuern erhöhen sollte, nur um einige Promille-Punkte oder auch nur um 0,1 Promille. Das Geld geht in einen Fond für die Zukunft der Kinder. Mit diesem Geld würden wir Kinder andere Kinder begeistern, mit uns Bäume zu pflanzen. Liechtenstein, so haben wir unseren Vorschlag beendet, wäre trotz dieser Steuererhöhung immer noch konkurrenzlos günstig. Wenn es nun mal so ist, dass wir all die Probleme, die die Erwachsenen heute nicht lösen können oder wollen, einmal ausbaden müssen, dann sollen sie uns doch wenigstens Geld zur Verfügung stellen.

Kampagnenbilder von www.future-fee.org

## Die Wirtschaft

Wir haben uns auch überlegt, wie die Unternehmen uns helfen können. Viele Unternehmen helfen ja bereits, aber wir wollten noch einen Schritt weitergehen. Es sollte sich gleich eine ganze Branche zusammentun. Die Unternehmen sollten nicht als Konkurrenten denken, sondern alle Konkurrenten sollten sich zusammen engagieren. Uns war sofort klar, mit welcher Branche wir anfangen: Mit der Schokoladenbranche, denn alle Kinder lieben Schokolade! Im Mai 2011 ergab sich die Gelegenheit: Die Firma Bühler, Weltmarktführer für Maschinen für die Verarbeitung von Kakao, lud ihre Kunden aus der ganzen Welt ein und dazu Felix als Redner. Felix und die Chefs von Bühler schlugen gemeinsam vor, dass jeder Hersteller einen Euro für jede Tonne Schokolade in einen Zukunftsfond investieren könnte – das entsprach wiederum 0,1 Promille des Umsatzes. Die Kommunikationsagentur Leages Delaney, die schon die Idee zu unserer Kampagne „Stop talking. Start planting" hatte, hatte auch gleich eine Kampagne für die ganze Schokoladenbranche entworfen. Felix hat den Unternehmen den Vorschlag unterbreitet und Bühler hat 20.000 Schokoladentaler fertigen lassen, die wir future coins nennen. Auf www.future-fee.org kann sich jeder die Kampagnenmotive ansehen. Jetzt hoffen wir, dass viele Unternehmen innerhalb der Schokoladenbranche mitmachen.
Sobald die erste Branche mitmacht, werden auch weitere Branchen aufspringen. Und irgendwann pflanzen alle Menschen gemeinsam die 1.000 Milliarden Bäume.

# Unsere erste globale politische Partei

Die Reaktion der Regierungschefs bzw. deren überwiegende Nicht-Reaktion werten wir als ein sehr deutliches und klares Signal. Wir haben verstanden. Wir müssen unsere Zukunft selbst in die Hand nehmen, müssen selbst aktiv werden und dürfen uns nicht auf die Erwachsenen verlassen. Leider! Wir hatten vorher bei unseren Jahrestreffen schon mehrfach die Idee erwogen, einmal eine eigene politische Partei zu gründen. Diese Idee wurde nach dem Schock sehr aktuell: Eine erste weltweite Partei in jedem Land der Erde. Unser „3-Punkte-Plan zur Rettung unserer Zukunft" wird die Grundlage dieser ersten weltweiten Partei sein, quasi unser Parteiprogramm. Die älteren unter uns, also unsere 14+, arbeiten seit unserem Jahrestreffen 2011 an diesem Projekt „globale Partei". Wenn wir volljährig sind, wollen wir unsere Weltbürger-Partei gründen.

„Die Welt gehört in Kinderhände."
Herbert Grönemeyer

# Unsere demokratische Struktur

In unserer Initiative und in unserer Stiftung haben wir Kinder schon das Sagen! Ziel unserer Schülerinitiative ist es, dass wir Kinder bis zum Jahr 2020 eine Million andere Kinder begeistern, auch Botschafter für Klimagerechtigkeit zu werden. Bis 2020 wollen wir ja auch 1.000 Milliarden Bäume weltweit gepflanzt haben. Natürlich nicht alle selbst, sondern mit Hilfe der Erwachsenen. Uns ist klar, dass die erste Million in jedem Land die schwierigste sein wird. Wenn wir erst einmal diese erste Million geschafft haben, also schon ein Netzwerk von Kindern und Erwachsenen aufgebaut haben, dann ist die zweite Million viel einfacher und es geht um ein Vielfaches schneller. Die weitere Verdopplung zur vierten Million geht dann wieder schneller und so weiter. Am Anfang war Felix mit seiner Idee ganz alleine, heute gibt es schon über 4.000 andere Kinder, die in mehr als einem Dutzend Ländern Vorträge halten und Pflanzparties organisieren wie er. Klar, dass die Verbreitung heute hundert Mal schneller geht als noch vor vier Jahren. Und wenn wir erst eine Million Botschafter für Klimagerechtigkeit sind, die in 200 Ländern Vorträge halten und Baumpflanzparties organisieren, dann sind wir sofort viele tausend Mal schneller. Spätestens in 2020 sollten alle mächtigen und einflussreichen Menschen auf der Welt wissen, dass es uns gibt und wer wir sind.

Bei unserer Initiative kann jeder, egal welcher Nationalität und welchen Alters, Mitglied werden, also auch Erwachsene und Babys. Wählen dürfen aber nur wir Kinder im Alter von 8 bis 14 Jahren. In unserer Initiative verstehen wir Kinder uns als Weltfamilie, als Weltbürger. Während die Erwachsenen schon länger diskutieren als wir alt sind, wer wegen der Klimakrise den ersten Schritt tun soll, packen wir Kinder einfach gemeinsam an.

## Gründe doch auch einen Plant-for-the-Planet Club!

Unsere demokratische Struktur mit den vielen tausend Plant-for-the-Planet Clubs, die über die ganze Welt verteilt sind, wird unser internationales Netzwerk stärken und helfen, unsere Kräfte noch besser zu bündeln.

Unsere Plant-for-the-Planet Clubs, also die vielen lokalen Initiativen, sind die wichtigsten aktiven Einheiten von Plant-for-the-Planet. Sie entscheiden selbständig und handeln eigenverantwortlich. Von Ihnen geht auch alle Macht aus, denn sie wählen einmal im Jahr unseren Weltvorstand, das Global Board. Die ersten sieben Kinder des Weltvorstandes wählen wir aus den sieben Plant-for-the-Planet Regionen Afrika, Asien-Pazifik, China, Indien, Lateinamerika und Karibik, Osteuropa und Westeuropa inklusive USA, Kanada und Australien. Die anderen sieben Mitglieder des Weltvorstandes ergeben sich aus den erfolgreichsten Plant-for-the-Planet Clubs. Mittels klar definierter Kriterien werden die sieben erfolgreichsten Clubs ermittelt und diese bestimmen jeweils eines ihrer Mitglieder als Vertretung in den Weltvorstand. Zusammen sind wir also 14 Mitglieder im Weltvorstand.

Unseren ersten Weltvorstand 2011/2012 haben wir Kinder aus der ganzen Welt am 27. März 2011 erstmals gewählt. Klar gehörten dem ersten Vorstand noch viele Kinder aus Deutschland an, weil wir hier ja schon seit über vier Jahren aktiv sind. Insgesamt kommen wir aus acht Ländern aus allen Teilen der Welt. Wir Kinder des Weltvorstandes betreuen die weltweiten Aktivitäten der Schülerinitiative, indem wir die lokalen Plant-for-the-Planet Clubs bei ihrer Arbeit unterstützen. Wir beschließen die allgemeinen Strategien und Werte der Organisation und legen die jährlichen Arbeitsschwerpunkte fest. Nach außen vertreten wir die Meinung der weltweiten Organisation und sprechen zu Medien und Öffentlichkeit im Namen aller Mitglieder und Clubs.
Immer im März wählen wir, und zum 1. Juli übergeben die Mitglieder des bisherigen Weltvorstandes die Leitung der Initiative an den nächsten Weltvorstand und damit an die nächste Generation der Plant-for-the-Planet Kinder. Wiederwahl ist ausgeschlossen.
Unser Weltvorstand besteht aus 14 Kindern und einem Erwachsenen, der für bestimmte Aufgaben wie Finanzen und juristische Angelegenheiten, für die man

volljährig sein muss, zwingend notwendig ist. Lediglich dieser eine Erwachsene wird auch von Erwachsenen bestimmt und kommt aus dem Stiftungsrat der Plant-for-the-Planet Foundation.

Wir 21 Autoren dieses Buches haben am 31. Januar 2010 auf dem dritten Jahrestreffen der Initiative gemeinsam die Plant-for-the-Planet Foundation gegründet. Felix hatte uns damals alle zu sich nach Hause in sein kleines Dorf nach Pähl eingeladen. Dort haben wir angefangen dieses Buch zu schreiben und haben auch die Stiftung gegründet. Mit unserer Plant-for-the-Planet Foundation unterstützen wir die Plant-for-the-Planet Clubs bei der Organisation und der Finanzierung ihrer Aktivitäten. Die Plant-for-the-Planet Foundation trifft Vereinbarungen mit nationalen und weltweiten Partnern aus Wirtschaft und Institutionen.

Weltvorstand der Plant-for-the-Planet-Schülerinitiative 2011/2012
von links nach rechts:

Maiken, Gaborone, Botswana; Anting, Kanton, China; Nour, Bekaa Valley, Libanon; Jule, Hamburg, Deutschland; Karoline, Berlin, Deutschland; Rufat, Baku, Aserbaidschan; Yugratna, Aliganj Lucknow, Indien, Vize-Weltpräsidentin; Felix, Pähl, Deutschland, Weltpräsident; Viacheslav, Polyarnye Zori, Russland; Carolin, Waldkirch, Deutschland; Clara Madeleine, Augsburg, Deutschland; Carolina, Cancun, Mexiko; Alberto, Playa del Carmen, Mexiko; Antonia, Köln, Deutschland

## Youth Board

Beim Jahrestreffen unserer Initiative am 27. März 2011 in der Jugendherberge Possenhofen am Starnberger See waren Kinder über Videokonferenz zugeschaltet. Auf diesem Treffen haben wir älteren Kinder, also alle, die schon 14 und älter sind, beschlossen, dass wir einen eigenen Jugendvorstand gründen wollen. Wir haben einen konstituierenden Jugendvorstand eingesetzt, das Youth Board. Wir, das sind **Alec (Ventura, USA), Caterina (Vicenza, Italien), Clara (New Brunswick, Kanada), Franziska (Pähl, Deutschland), Hanna (Berlin, Deutschland), Jessica (Bekaa Valley, Libanon), Jule (Axstedt, Deutschland), Laxman (Odisha, Indien), Lea (Möhrendorf, Deutschland), Lione (Appeln, Deutschland), Luisa (Sao Goncalo, Brasilien), Martha (Berlin, Deutschland), Merle (Lundestedt, Deutschland), Paulina (Playa del Carmen, Mexiko), Szesima (Berlin, Deutschland).** Zu unseren ersten Aufgaben gehört es, die Wahl zum Youth Board im März 2012 vorzubereiten und zu überlegen, wie wir als Jugendliche die Idee von Plant-for-the-Planet weiter in die Welt tragen können. Einen Gedanken haben wir sofort umgesetzt: Wir haben nämlich beschlossen, dass wir nicht wieder etwas Eigenes und Neues anfangen, sondern zuerst einmal schauen, ob wir uns nicht mit anderen Jugendlichen, die bereits coole Ideen haben, in anderen Teilen der Welt zusammentun können. Lieber eine Idee verbreiten, die bereits von vielen unterstützt wird, als wieder neue Ideen zu produzieren, die dann vielleicht nur wenige Anhänger haben werden.

## i matter – wir sind wichtig

Alec Loorz (16) aus Kalifornien ist auch bei uns im Youth Board und er hatte uns eingeladen, um den 8. Mai bei seinem „i-matter-march" mitzumachen. I matter ist Englisch und bedeutet „Ich bin wichtig". Wir fanden das klasse. Spontan haben Plant-for-the-Planet Clubs in fünf Städten, nämlich Augsburg, Cancun, Dresden, Köln und München mitgemacht. Das hat Spaß gemacht. Die Polizei hat wegen uns ganze Straßen gesperrt und den Verkehr umgeleitet und wir haben Pappbäume, gedruckte und selbstgemachte Plakate hochgehalten und jeweils am Anfang und am Ende unseres Marsches eine Kundgebung abgehalten. Am Abend waren wir heiser, weil wir immerzu laut gerufen haben.

Eine Demonstration ist ganz einfach. Du musst nur einen Erwachsenen finden, der die Kundgebung bei den Behörden anmeldet. In den demokratischen Ländern der Welt besteht das Recht auf freie Meinungsäußerung, d.h. jeder darf eine Demonstration anmelden. Demonstrieren kommt aus dem Lateinischen: demonstrare = zeigen. Wir zeigen öffentlich, dass uns unsere Zukunft wichtig ist.

Wir haben immer wieder laut gerufen: „Die Erwachsenen sagen immer, die Kinder sind die Zukunft. Aber wenn es keine Zukunft gibt, was bleibt dann für uns Kinder?"

Alec hat mit i-matter noch viele weitere coole Ideen. Mit seinen Freunden hat er in den USA mehrere Anwälte gefunden, die die Erwachsenen verklagen wollen, weil diese unsere Zukunft zerstören. Alec hat uns erklärt, dass das Rechtssystem in den USA anders ist als z.B. in Deutschland. In den USA bekommt der Anwalt nur Honorar, wenn er gewinnt; das Honorar kann dann aber auch hoch ausfallen. Wenn man verliert, kostet es nichts. Deswegen ist es in den USA leichter, eine derartige Klage einzureichen. Wenn Ihr Euch interessiert, schaut doch mal auf www.imattermarch.org vorbei.

Baumhaus-Büro
1. Juli 2011

## Unser Büro

Natürlich brauchen wir Kinder auch ein Sekretariat, d.h. Mitarbeiter, die alles organisieren, und diese brauchen ein Büro. Die ersten Monate nach Felix' Vortrag und nach seinem ersten gepflanzten Baum konnten er und seine Freunde die E-Mails noch selbst beantworten. Gregor Hintler und Sascha Suaheli, Abiturienten aus Tutzing, haben die Website gemacht. Dann aber wurde es immer mehr. Felix hatte eine Idee und unterbreitete seinen Eltern folgenden Vorschlag: „Wenn wir Kinder das Geld auftreiben, dann kann doch tagsüber eine Mitarbeiterin bei uns Zuhause arbeiten." Die Eltern willigten ein und Felix und seine Freunde schrieben 40 Briefe an Unternehmen. Toyota waren die ersten, die antworteten und Geld gaben. Noch im Dezember 2007 war die erste Mitarbeiterin eingestellt. Schon 2008 kam die zweite und die dritte. Die Eltern räumten das zweite, das dritte und im Sommer 2011 das vierte Zimmer, denn es arbeiteten bereits zwölf Mitarbeiter im Haus von Felix' Eltern in Pähl. In der Garage standen keine Autos, Fahrräder oder Rasenmäher, die standen auf der Terrasse; in der Garage stellten die Eltern Regale auf und darin lagern all die tollen Bücher, die die Botschafter für Klimagerechtigkeit auf den Akademien bekamen. Gerade noch rechtzeitig bevor Haus und Garage aus allen Nähten platzten, haben die Inhaber von Tengelmann, Familie Haub, davon erfahren und der Kinderstiftung für den Herbst 2011 ein neues Zuhause gegeben – in Tutzing, mit mehr als 200 Quadratmeter Büro- und 70 Quadratmeter Lagerfläche, direkt am Bahnhof und mit Blick auf den Starnberger See.

Als Symbol für unser neues Zuhause haben wir zur Eröffnungsparty angefangen, ein Baumhaus am Ufer des Starnberger Sees zu bauen. Es wird das intelligenteste Baumhaus der Welt. Unser Baumhaus wird mit vielen anderen Bäumen der Welt verbunden sein und die neuesten Nachrichten austauschen. Das Baumhaus soll so etwas wie unser Symbol werden, denn wir Kinder der Welt vernetzen uns über die Bäume.

## Danke an alle Erwachsenen, die uns ernst nehmen!

Wir freuen uns, dass uns viele Erwachsene als Redner einladen. Es macht uns viel Spaß, wenn wir Euch Älteren erzählen dürfen, wie wir Kinder die Zukunft sehen, wie wir uns fühlen, wenn wir Zeitung lesen, und was in uns Kindern vorgeht, wenn wieder ein weiterer Klimagipfel gescheitert ist.
Wenn Ihr uns als Redner einladet, dann kommen wir sehr gerne. Wir machen das immer ehrenamtlich und stecken unser gesamtes Honorar in die nächste Akademie, auf der wir Kinder wieder 80 andere Kinder begeistern, bei uns mitzumachen. Am liebsten organisieren wir die Akademie gleich am Tag und am Ort der jeweiligen Rede. Damit lernen weitere Kinder, Bäume zu pflanzen, Vorträge zu halten, und auch sie stecken ihr Honorar wieder in Akademien usw. Jedem, der uns fragt, was er oder sie tun kann, antworten wir immer: „Ladet 80 Kinder im Alter von 10–12 Jahren aus zehn oder zwanzig Schulen für einen Tag zu einer Akademie ein. Ein Botschafter für Klimagerechtigkeit, der schon auf einer früheren Akademie ausgebildet wurde, kommt und begeistert die 80 neuen Kinder mitzumachen.“ Das ist das Beste, was Ihr für uns tun könnt.

Wir freuen uns auch über die Anerkennung und die vielen Preise, die wir von den Erwachsenen aus der ganzen Welt bekommen, wie z.B.:

- Bayerische Staatsmedaille für Plant-for-the-Planet
- B.A.U.M Umweltpreis
- „2010 International Young Eco-Hero Award“ (USA)
- GWA Social Effie 2010 – Gold für „Stop talking. Start planting.“
- 21st Century Superhero (Global Tolerance und UNESCO)
- Humanity4Water Award in der Kategorie Polar Bear
- Success for Future Award 2011

Wir freuen uns auch über die vielen Berichte in den Medien. In den ersten vier Jahren haben mehr als 10.000 Medien aus der ganzen Welt über uns berichtet. Sie helfen uns, dass mehr Erwachsene und mehr Kinder über uns erfahren.
Wir danken natürlich allen Prominenten, die sich von uns den Mund zuhalten lassen und damit helfen, unsere Vision in die Welt zu tragen.
Danke an alle Privatleute, Unternehmen und Institutionen, die uns Geld spenden, denn nur mit ihrer Hilfe konnten wir schon so viel erreichen und unsere Kinderstiftung errichten.
Allen Erwachsenen, die uns nicht in Watte packen, sondern mit uns gemeinsam für unsere Zukunft kämpfen: Danke!

## Gemeinsam können wir viel erreichen!

Stellt euch nur mal vor, während der UNO-Gipfeltreffen, egal ob es um das Klima, die Artenvielfalt oder andere Zukunftsthemen geht, ziehen Tausende Kinder in ihren Hauptstädten vor den Regierungssitz. Oder die Kinder treffen sich vor den Botschaften der für die Klimaverhandlungen wichtigsten Länder und pflanzen dort Bäume. Viele Bäume. Und wenn es nicht möglich ist, Bäume zu pflanzen, dann schwenken wir Pappbäume, wie die Kinder aus Berlin am 9. Dezember 2009 während des Klimagipfels in Kopenhagen vor dem Kanzleramt.

Am 9. Dezember 2009 vor dem Kanzleramt in Berlin



### 3.3 „Stop talking. Start planting." – Eine Rede halten

Kennt ihr die globale Umwelt-Initiative „Plant for the Planet"?

**1** *Informiert euch darüber:* ***www.plant-for-the-planet.org***

Überzeugt euch diese weltweite ökologische Bewegung?

**2** *Überlegt, wie sich eure Schule daran beteiligen könnte.*

Am **Tag des Baumes,** dem 25. April, wollt ihr einen Aktionstag durchführen. Auf der Schulkonferenz soll ein entsprechender Antrag gestellt und durch die zündende Rede einer Schülervertreterin/eines Schülervertreters durchgesetzt werden.

**3** *Klärt folgende Fragen/Punkte:*
- *Erkundigt euch, wie lange **Redezeit** ihr habt.*
- *Wer sind die **Adressaten** eurer Rede?*
- *Welches konkrete Ergebnis/**Ziel** wollt ihr mit dem Aktionstag erreichen?*
- *Welche positiven Beispiele/„Promis" könnt ihr für eure geplante Aktion nennen?*
- *Welche Einwände gegen eure Aktion sind denkbar? – Überlegt euch Gegenargumente.*

Lernen wie man richtig Reden hält? Im neuen Cornelsen Deutschbuch der 10. Klasse lernen die Schüler jetzt mit unserer Kampagne „Stop talking. Start planting."

**So etwas zu erleben macht Mut!**

Uns ist natürlich klar, dass wir tausend Kinder in Deutschland und unsere Million Bäume alleine die Welt nicht verändern können.

Aber wir können viele Kinder auf der Welt ermutigen und zeigen, dass auch Großes erreichbar ist. Und wir machen weiter: Wir pflanzen so lange, bis es Klimagerechtigkeit gibt und bis unsere Zukunft gerettet ist!

Fast jede Schule hat eine Partnerschule irgendwo in einem anderen Teil der Welt. Erklärt denen, wie Plant-for-the-Planet funktioniert. Ladet sie ein, gemeinsam Bäume zu pflanzen. Bäume sind unsere Symbole für Klimagerechtigkeit. Bäume sind unser Symbol für unsere Zukunft.

Teil eines großen weltweiten Netzwerkes zu sein, ist durch das Internet auch super einfach geworden. Jeder kann mitmachen – egal wo auf der Welt. Wir müssen selbst für unsere Zukunft kämpfen.

Wenn du selbst aktiv bist, tritt unserer www.plant-for-the-planet.org Community bei und poste die Links von Deinen Aktivitäten in Facebook, so dass Deine Freunde es sehen!*

**Wer, wenn nicht wir? Wann, wenn nicht jetzt?** Indem wir Kinder der Welt weiter so zusammenarbeiten, über alle Grenzen hinweg, haben wir eine Chance auf Zukunft!

**„Wenn wir uns als Weltfamilie verstehen, können wir auch die Klima- und Armutskrise meistern", hat Franziska einmal gesagt.**

**Das sagen wir alle!**

***Alberto, Alec, Alina, Anting, Antonia, Carolin, Carolina, Caterina, Clara, Clara Madeleine, Else, Felix, Franziska, Hanna, Jessica, Jona, Josia, Joy, Jule B., Jule S., Julian, Karoline, Laxman, Lea, Leon, Liam, Lione, Luisa, Maiken, Martha, Max, Melik-Sina, Merle, Mira, Miriam, Moritz, Niklas, Nour, Paulina, Raphael, Rufat, Szesima, Viacheslav, Yugratna***

# Seid ihr dabei?

* Werde Fan auf Facebook und verfolge alle Aktivitäten auf: www.facebook.com/plantfortheplanet

## Kontaktdaten

Plant-for-the-Planet Foundation
Kreuzeckstraße 2
82396 Pähl
Tel. +49 (0) 8808 9345
Fax +49 (0) 8808 9346
www.plant-for-the-planet.org
info@plant-for-the-planet.org

Büroadresse:
Plant-for-the-Planet Foundation
Lindemannstr. 13
82327 Tutzing

Über unsere Homepage sind wir immer erreichbar. Sie wächst durch die Mitarbeit zahlreicher Kinder und Jugendlicher übrigens von Tag zu Tag.

## Spezielle E-Mail-Adressen

***Anfragen rund um die Teilnahme an/die Organisation von Plant-for-the-Planet Akademien:***

akademie@
plant-for-the-planet.org

***Zum Thema Spenden:***

spenden@
plant-for-the-planet.org

***Für den monatlichen Newsletter:***

newsletter@
plant-for-the-planet.org

## Spendenkonto

Plant-for-the-Planet Foundation

Konto 2120000212
BLZ 25120510
IBAN DE12 2512 0510 212 0000 212
BIC BFSWDE33HAN

***Mögliche Spendentexte:***

„Bäume für den Süden" (für Baumspenden 10 Euro = 10 Bäume)

„Netzwerkaufbau" (für den Aufbau des weltweiten Netzwerks und die Plant-for-the-Planet Akademien)

Die Plant-for-the-Planet Foundation ist vom Finanzamt Garmisch-Partenkirchen als gemeinnützige Stiftung anerkannt und kann steuerlich abzugsfähige Spendenbescheinigungen ausstellen.

## Bildnachweis

Soweit nicht anders angegeben, entstammen die verwendeten Bilder dem Archiv der Schülerinitiative Plant-for-the-Planet. Der Verlag hat sich nach besten Kräften bemüht, die Bildquellen festzustellen. Etwaige Ansprüche, die übersehen wurden, können nachträglich geltend gemacht werden.

Fotos zur Kampagne: Andreas Biedermann, Anita Bischoff, Per Eriksson, Annette Koroll, Andreas Müller, Thomas Rosenthal, Bernd Schumacher, Markus Seidel und Jens Umbach. Fotos zu Akademien: Andreas Biederman. Portraits der Botschafter für Klimagerechtigkeit: Andreas Müller. Illustrationen: Carsten Abelbeck.

S. 11, o.r., Riemann; S. 11, u.l., Wanjira Mathai; S. 15, Frankfurter Allgemeine Zeitung, Augsburger Allgemeine und The Korea Herald; S. 18, dpa; S. 19, epubli GmbH (www.epubli.de); S. 20, Fritz Pölking/Okapia; S. 21, epa-Bildfunk; S. 23, epa-Bildfunk; S. 24, dpa; S. 30, o., meteomedia; S. 30, u., DigitalVision; S. 33, l., DigitalVision; S. 33, r., dpa; S. 40, Sammlung Gesellschaft für ökologische Forschung/Schweizerisches Alpines Museum Bern; S. 41, l., Jason Branz – Fotolia.com; S. 41, r., Martina Topf – Fotolia.com; S. 46, guentermanaus – Fotolia.com; S. 48, o., CreativCollection; S. 49, Christine Anrather; S. 56, Photodisc; S. 57, CreativCollection; S. 60, Margret Rasfeld; S. 71, Mittelschwäbische Nachrichten; S. 87, Claus-Peter Lieckfeld und Veronika Straaß; S. 88, Backarts; S. 91–94, Plant-for-the-Planet; S. 99, Plant-for-the-Planet; S. 107, Leagas Delaney; S. 111, Andreas Biedermann; S. 112, Plant-for-the-Planet; S. 115, Plant-for-the-Planet; S. 116, Plant-for-the-Planet; S. 117, o., CBD; S. 117, u., Plant-for-the-Planet; S.118, Plant-for-the-Planet; S. 122, Andreas Müller; S. 123, Plant-for-the-Planet; S. 126, Michael Setzpfand.



Veröffentlicht im Fischer Taschenbuch Verlag, einem Unternehmen der S. Fischer Verlag GmbH, Frankfurt am Main, November 2011


Für die Taschenbuchausgabe überarbeitet und erweitert.

Die Originalausgabe erschien unter dem Titel »Baum für Baum. Jetzt retten wir Kinder die Welt«

Redaktion: Veronika Straaß und Claus-Peter Lieckfeld
Redaktion, Konzept und Lektorat: Ulrike Völkmann
Illustration, Layout und Satz: Carsten Abelbeck
Korrektur: Nina Rehbach

Druck und Bindung: Himmer AG, Augsburg
Printed in Germany
ISBN 978-3-596-19277-9